忆青主

诗人作曲家的一生

廖乃雄 著

中央音乐学院出版社
Central Conservatory of Music Press
·北京·

图书在版编目（CIP）数据

忆青主：诗人作曲家的一生／廖乃雄著．—北京：中央音乐学院出版社，2008.10（2025.4 重印）

ISBN 978－7－81096－285－8

Ⅰ．忆… Ⅱ．廖… Ⅲ．青主(1893～1959)—回忆录 Ⅳ．K825.76

中国版本图书馆 CIP 数据核字（2008）第 089916 号

忆青主	——诗人作曲家的一生	廖乃雄著

出版发行：中央音乐学院出版社
经　　销：新华书店
开　　本：A5　　印张：6.75
印　　刷：三河市金兆印刷装订有限公司
版　　次：2008 年 10 月第 1 版　　印次：2025 年 4 月第 2 次印刷
书　　号：ISBN 978－7－81096－285－8
定　　价：68.00 元

中央音乐学院出版社　北京市西城区鲍家街 43 号　邮编：100031
发行部：(010) 66418248　　66415711（传真）

目　　录

卷前语 …………………………………（廖辅叔）(1)
执笔者的话 ……………………………………… (3)

(一) 故里神游 …………………………………… (1)
(二) 不平凡的童年与少年 (1893—1910) ……… (5)
(三) 在"老黄埔"陆军小学堂 (1910—1911) …… (7)
(四) 有功民国，赴德留学 (1911—1922) ……… (13)
(五) 北伐战争与"清党"时期 (1922—1928) …… (35)
(六) 亡命乐坛，著书立说 (1928—1931) ……… (54)
(七) 天马行空的航空与战争岁月 (1931—1945) … (69)
(八) 抗战胜利后走上讲台 (1945—1949) ……… (108)
(九) 解放后重返讲坛 (1949—1957) …………… (132)
(十) 苏州退休和上海病逝 (1957—1959) ……… (168)

附录：从物我、今古、中外的交汇与冲突看青主 ……… (189)

卷 前 语

廖辅叔

乃雄发愿为其先德，亦即先兄青主立传。但是首先碰到的难题就是对他早年的生活知之极少，因为乃雄呱呱坠地的时候青主已届不惑之年，虽然平时听他父母闲话家常，多少听到过一些事情，但是随意闲聊总不免有些零碎。因此，我有责任就我所知比较详细地说个明白。当然，我所提供的材料，特别是他早年的材料，也有些是别人说的，幸好说的人都只是实话实说，没有故意加油加醋，也没有为自己编造、借以抬高身价的东西，所以是比较可靠的。为了积存这些材料，于是打开录音机，让我口若悬河地说了好几个半天。

既然青主早年的行事基本上是我提供的，乃雄建议这本关于青主生平的作品标明是我俩叔侄的合著，他还动手这样写起来。待我看过之后，觉得书中一会儿是"辅叔云"，一会儿是"乃雄云"，觉得有些松散，于是倚老卖老，大笔一挥，把两个名字删掉，换成作者一人的口气，这样读起来就比较紧凑了。

从作者方面考虑：换成一个人的口气，所写的东西前半部分却主要是另一个人提供的，是不是有侵吞了别人果实的嫌疑？话又说回来：要写一个人的传记，如果写的是古人，那么，哪一点材料不是属于别人的？如果写的是同代人，作者的亲人或者是师友，又有多少材料是作者单独掌握的呢？只要不是隐瞒材料的来源，对擅自拿到的材料加以改头换面变成自己独得之秘，而是声明得自某人的指授，就应当算文德无亏了。

记得有人说过，青主的工作经历是大起大落的，其实岂止是工作，他的日常生活也是时时要弄成大起大落的。杜甫诗云："语不惊人死不休"。青主自己也自称是"磨盾题诗，覆毯草檄，惯作惊人语"。抗战时期他在昆明的一位朋友送他的一首诗说："河山破碎不胜哀，痛饮狂歌日几回。自是伤心无处说，唾壶缺应掌中杯。"颇能传出青主那种惊人的，即是大起大落的情怀。青主生活的这一面，书里似乎还没有讲透。这也许算是一点不足之处吧。

           2001年11月14日，时年九十有四

执笔者的话

廖乃雄

  为父亲写传记是我一直不敢有的奢望,因为对于我来说:他过世得太早,当时我才二十六岁,许多有关他生平经历的事,长年来只听他在家中或与友人断断续续谈起,从未系统地叙述,更缺乏精确的记载。尤其是所谓的"文化大革命"的烈火将他遗留下来的手稿和一切有关资料几乎全部毁尽,缺少了那些手稿和资料,使我更难以对他所经历的、极其丰富的一生进行较全面、准确的记述。

  随着岁月的流逝,我对父亲的怀念有增无减,转眼间,我已活过了他逝世时的年龄(66岁),深感若再不将自己所知有关他的一些事情以及自己对他所怀有的情感写下来,就更对不起他了。我的叔父廖辅叔先生将他出版了的《萧友梅传》赠我,我读后更感到有必要有一本《青主传》,因为这两位同学和同事同样是我国近现代音乐的先驱。要写《青主传》可仍得由我叔父执笔不可,因为他不仅与青主从小到大经常生活在一起,前后达数十年之久,对他的前半生了解甚详,而且有着惊人准确的记忆力,对几十年前的人和事至今仍能记忆得一清二楚,甚至时间、地点也相当准确。于是我力劝他写,无奈他那时已近九十高龄,再要求他从事这样一件艰巨的工作实在有些过分。就这样,于1996年10月,当我阔别了十年之后重返祖国时,决定由他口述,积累了五盘卡带的录音,由我带回加拿大进行整理和记述。所以,这本书前半的主要内容系由他所提供，虽然我作为执笔者也在一些地方进行了补充和润色；书的后半从内容到行文才源自我，因为自三十年代中以后，三叔就不再与青主生活在一起了，而我自四十年代后才有了清晰的记忆。直到青主1959年逝世，我几乎一直和他生活在一起。

正是在具体记述的写作过程中我才意识到：根据现在我们二人所掌握的资料来写《青主传》，似乎仍为时过早，因为青主一生的经历十分复杂，担任过的职务也很多，而且变迁频繁、大起大落，连他自己也记忆不全。他1952年在复旦大学执教时，适逢"思想改造"运动，绞尽脑汁地回忆，足足写满两本练习簿才将他的履历按年代顺序比较完整地写下，上交给组织。这份资料的另一份手稿也已在"文革"中被毁；上交组织的那一份是否仍然存在也不得而知。那样一份出自他本人手书的、比较全面和准确的资料，都无法作为根据来写《青主传》，似乎未免过于草率。单凭叔父和我的记忆，那就不如作为一本《忆青主》来写较为恰当。这就是这本书的产生和命名的缘起和过程。这本书谈不上是什么学术性的著作，而只能是青主的胞弟和儿子二人就记忆所及所写下的一本比较系统的回忆录而已。

尽管如此，在记述的过程中使我预料不到的是：我叔父竟有如此惊人的才能和记忆，竟把青主前半生的部分诗词，甚至小时候的作文片断都记忆得一清二楚，以至于能脱口而出地背诵出来，由此可见这位胞弟对其兄长记忆之深刻、所受影响之深远。这样也就使得青主的诗作不再只限于1931年出版的《诗琴响了》，这实在是功德无量的事。因为在我看来，青主一生的主要成就首先在于他的诗词、歌曲创作和音乐美学论著，可惜的是他的诗词留传下来的太少了。他的歌曲创作确实不多，全部均已于30年代发表过，可是他的诗词创作却是自幼年直到逝世前夕一直不断的。可惜我这个不肖儿子不仅没有笔录，而且能背诵的也屈指可数。更遗憾的是：即使少量他手写下来的，如他五十岁生日写的《自寿诗》以及用电报拍发给李济深先生的一篇用古风写的长诗，也已被毁去，这是我终生的内疚和遗憾。如今竟由我的叔父弥补了相当一部分，而且大部分是我以前从未读过的，这真是值得庆幸的大好事。所以，我把他的旧体诗词，不论是在《诗琴响了》中曾经发表过的或仅存在于我叔叔和我个人记忆中的，尽数地收录在这部回忆录的正文中，作为他生平经历和思想、精神面貌的佐证。至于他1944—1945年间在广西八步日报发表过的、以及可能还在某些私人手中保存的诗词，则有待于日后有可能时再收集。

在我自己也已进入晚年的岁月里来回忆和记述我父亲的一生，使我更深刻地意识到、觉察到他对我的养育之恩的深厚：他不仅生下了我的肉体，更培育了我的心灵。尽管我作为他的"影子"只能继他之后在祖国的乐坛上耕耘方寸的土地，但是，仅仅这一点作为，归根结底也溯源自他，并感激他自幼对我心灵的潜移默化。他尽管并不想我，也没有促使我去把音乐作为专业去从事，没有对我进行过系统的音乐教育（远不及对我的德语学习那样关心)，可是我自幼从他哼唱的动人旋律和拉奏如泣如诉的小提琴乐曲中，以及尤其是从他平素言谈举止使我感受到的音乐审美和艺术判断中，所获取到的教益却是我学任何音乐课程和读任何音乐、文艺书籍所无法取代的。为此，我无限感激、倍加怀念他，在我的晚年从事了这样一件有意义的工作。就我个人来说：如果我在人生的旅途中不把自己所了解到的青主事迹尽可能详尽地记述下来，那将使我有愧于作为他唯一的儿子，而就中国近现代音乐史的角度来说，那也会是我作为一个音乐史学工作者的失职行为。为此，我写完了这部回忆录，并对他的旧体诗词进行了记述，还将总共32首歌曲汇编在一起，以此奉献给青主在天之灵，也奉献给希望了解青主这样一位历史性人物、愿意赏析他的诗词、愿意歌唱或聆听青主歌曲的一切人。

这本绝不可能盈利的书能够得以写完、编完后在国内出版，确实是难能可贵的事，虽然它前后历时达七年之久才得以付梓。2001年，中央音乐学院还组织了有关青主的国际研讨会，并举行了青主歌曲的专场音乐会演出；这首先得感谢中央音乐学院的领导，也说明了在我们新世纪的祖国，如今一切都有了可能。青主的歌曲如《大江东去》和《我住长江头》，七八十年来在但凡有中国人聚居的地方都经常被人演唱；可是仅此而已，似乎他只写过这两首歌曲。七八十年过去了，他在短短的六七年间所写下的总共32首歌曲却从来没有全部被演唱过。这次（2001.9.2）在北京中央音乐学院首次演出了他的绝大部分歌曲，应当说是我国近现代音乐史上以及我国当代音乐生活中的一件具有历史意义的事件。此后，人们对青主的歌曲创作以及对青主作为一位作曲家，才可能有比较全面、深入的了解和发言权，对演唱他的歌曲也有了较多的选择可能。

  人类的每一个成员都只能在一定的、有限的时间与空间内存在，这是无可抗拒和改变的，但人的业绩与精神却有可能远远超过这一限度，这正是人类精神文化传承的一种奇迹。青主是一位典型的"杂家"，而如今却首先以作曲家的身份出现于辞书之中，似乎有些奇特，因为从事音乐的经历在他一生中实际上只是一段短暂的插曲而已。即使作为作曲家，他的业绩应当说首先是以一位诗人作曲家而传世（参见本书的附录）。为此，我在《忆青主》的书名后加上了"诗人作曲家的一生"这样一个副标题，并且在书中将目前能收集到他的旧体诗词全部记录了进去，以期更充实地体现这位诗人作曲家的艺术创作内容，尽管这些只是他毕生所作诗词的一小部分，而绝大部分已在人间消失殆尽。

2000.12.10 于加拿大蒙特利尔
2001.9.25 校正于北京
2008.3.20 再度校正于蒙特利尔

（一） 故里神游

步出惠州火车站，站在车站广场上，面对着三层迂回、盘旋的立交桥和一栋栋高耸入云的大楼，使人难以置信这就是九百年前宋代大诗人苏东坡谪居过两年七个月的惠州，即我家的故乡广东惠州。因为根据我半个多世纪前一直听父亲青主反复叙说所得取的深刻印象，惠州乃是幽静、古朴、山明水秀的城市，而现在却使人仿佛置身于广州、香港一般。时代的巨轮碾平了各种城市的差异，现代的文明磨损了民族民间文化的特征，至少从表面上看来，可惜已是如此。但是，从另一个角度来看，却又令人感到振奋：祖国现代化的步伐确实正以神速在前进，从我们故乡面貌的骤变也可以追寻到它的足迹。

我们祖辈的老家在当年惠州府城，门前有一片小湖，名为秀水湖，如今仍能找到故居的遗址。在如今的惠州，姓廖的只有约三千人口，远不及黄、李、陈、张等大姓。可是在 20 世纪初，廖姓人家在当地却遐迩闻名，当时写信只要写上"惠州府城秀水湖进士第"即可收到，因为廖氏系书香人家，康熙年间已为有廖贞而挂上了"进士第"的匾额。这块匾额直到抗战前仍挂在廖家的门上，抗战期间才被日本侵略军的飞机炸毁。1942 年 2 月 7 日，日本侵略者无缘无故地将这一代民宅烧毁，充分暴露其凶残的本性。日本人放的狂火只烧剩下廖氏故宅的客厅，祖父计百公（1873—1942）即被活活地烧死。这一惨痛的事件至今仍是我们廖家刻骨铭心的深仇大恨。

原来的廖氏家族聚居的故宅如一碉堡，顺着地势一层层向上建造。洪水涨时，前门入水，可走后门，因为后面地势高，水上不去。如今故地早已盖有新屋，仍有廖姓人家居住，但已寥寥可数。清末年间，惠州由于地近香港，随时得以前往；至于与省城广州的联系则更为密切。广州是很早开发的城市，接受外来的影响既早且深。因此，在省、港的直接影响下，惠州的面貌也较早地有所变化，这从廖氏家族的演变中也可见一斑。廖家在清代原为封建士大夫或官僚、地主的人家，但随着时代的演变，在鸦片战争（1840—1842）后已逐步转变为以商业资本经营为主。原先廖家也拥有大片土地出租，20年代还可以看到秋收后，挑来一大批麻包的谷子堆满了客厅。廖家同时还开有两间百货商店，当时被称作"洋广杂货店"，主要由我的二叔公和三叔公经营；我祖父则仍然是书生本色，以教书为业。他在思想上属于当时的所谓"老新党"，即张之洞（1873—1909，清末洋务派首领）和康有为（1858—1927，近代改良派领袖，后为保皇派领袖）那一派。当时在他的藏书中，经史子集的线装书当然不在话下，即使是严复翻译的《天演论》（1898）和梁启超编的《新民丛报》（1902—1907），甚至日本的幸德秋水（1871—1911）批评军国主义的《二十世纪的怪物——帝国主义》也可以找到。这样的书籍，在当时一般的封建士大夫家里是很少见到的。

祖父考过秀才，由于接受了康、梁维新的思想影响，可算作廖氏家族中的先进人物。值得指出的是，整个廖氏大家族没有一个人抽鸦片烟，这在当时也属难得。当时的中国人家招待来客通常总是请客人躺下抽鸦片烟！他还学过英文，尽管他那家乡口音浓重的英语发音不伦不类、难以入耳，但是，他强烈的求知欲望确实值得人们敬佩。由于他本人没有学过外语，所以特别寄希望于下一代，因此他的几个儿子都在他督促下努力学习外语。

廖宅大门进口是一个天井，然后是客厅，后面才是厅堂、卧房,所以非用砖敲门,房内听不见。于是,祖父别出心裁地装上了电铃,这在当时旧式的家庭中已属罕见,难怪他的母亲不禁摇头地说他"太番鬼了"(即太洋化的意思)。特别值得提到的是:辛亥革命时,由于长子廖尚果(即青主)参加了辛亥革命,属于"乱党"之列,这在当时得被"格杀勿论"的。为此,他不得不躲起来:选上与廖家大院比较疏远的一个空房,将自己反锁在屋里,每天让人从窗口送饭进去。及至革命军包围惠州城时,惠州官府见大势已去,愿与革命军谈判议和,得知革命军的官长邓铿(仲元)是廖计百之子廖尚果在"陆军小学堂"的恩师,于是派人来寻找廖计百,要他出面去与革命军谈判。廖计百先生深明大义,欣然应诺。但由于革命军围城,不敢开城门出去,只好让人用箩筐将他从城墙上吊下去。正是通过他与革命军谈判,惠州才得以和平光复。这不能不说是廖计百先生为故乡立下的一大功劳。革命军进城后要他出来做事,他不愿意,仍坚持继续教书,却推荐了张友仁和周醒南两位先生去工作。就这样,他与革命军谈判成功并为革命军荐贤的事一时传为美谈,从而他后来走到哪里,总会有人指着他窃窃私语:"这就是廖计百!"1913年民国二年元旦,他在大门上贴上红纸,自撰书春联一副:"民国万岁,阳历一周",以表示自己对辛亥革命以及改过阳历年的支持。尽管他后来在思想上并未跟上"五·四"运动的种种革新,但他对改用白话文也并不一概反对。当有人问他白话诗好不好时,他答道:"写得好也好。"他不但送长子廖尚果去广州上工业学校,而且他自己也放下教鞭,前去广州电报局当职员,这在当时也是接受并支持新事物的一种表现。鲁迅先生曾经这样描写过:当时中国许多老百姓对学洋人架电线根本不懂得是怎么一回事,还以为那是洋人准备用来日后捆绑中国人的玩意儿;相比之下,他真可以说是开明得很了。

  青主的母亲也与当时一般旧式的中国妇女有所不同,不仅贤惠而且读过书,有文化。她出身自读书人家,也教过青主读书识字,所以先祖父不仅称赞她,而且曾写诗相赠,说她读书"琅琅然,为其弟所不及"。她为人性情温和,处处让人。她生了三儿三女,对比别房只一两个子女,总觉得占了便宜似的,从而争着在大家庭中多做事,觉得这样才不亏待别人。她总是先为大家庭干活后才回到自己卧房,为子女缝缝补补。她对长辈毕恭毕敬,对丈夫也百依百顺,完全遵循着封建家庭的教诲。青主挨父亲打后,她为他洗澡时看到他身上伤痕累累,痛心得直掉眼泪,但却不敢明言,更遑论规劝丈夫,而只默默掉泪。旧中国贤淑妇女的典型形象可以从她身上得以充分体现,难怪婆婆总说她好,直到过世多年以后还常说:"现在子女长大成人,只是亏了死去的母亲!"她生时惯于将自己的私房钱借给别人,并不追还;可是在她死后,借债人竟自动将钱归还,由此可见她为人感化力之大。

青主为严父强迫背书屡遭毒打,这在他童年的心灵上留下了毕生未能抹去的创伤。直到他四五十岁仍不时会从梦中哭醒,并对我母亲说:"又做了噩梦——挨父亲毒打。"所以青主对他慈母的感情更为深厚。母亲死后,他一直怀着无限的哀伤和永恒的思念。

（二） 不平凡的童年与少年

（1893—1910）

青主（1893—1959）作为长子、长孙，幼名增彝。"彝"是古代青铜器中礼器的通称。取名为彝，可见他父亲望子成器，对他的期望很高。后来父亲才将他的名字改为尚果。30年代间因遭国民党通缉而从事音乐活动的年代，他自己改名为青主以躲避当政者的追捕，所以青主或黎青都仅仅是他30年代笔耕时的笔名而已。通缉被取消后，他进入欧亚航空公司工作，又曾改名为廖观玄，这是否与他当时仍心有余悸，避免沿用廖尚果的原名，就不得而知了。

他自幼聪慧过人，因而倍受父亲重视，不惜以拷打为手段来教子，以实现他望子成龙的心愿。相反的，他父亲对其他儿子就并没有那样经常拷打和严格要求，这大约因为他是长子，而且自幼表现非凡。他四五岁时，先祖父就教他念古文，背《左传》、《战国策》和《诗经》。但是开始时，父亲并不教他念四书，认为小孩子不懂得四书中深奥的哲理；这在当时倒也难得，由此可见，他不赞成孩子不理解地死读书、背死书。除古文外，他也教历史和算术。当时算术不用阿拉伯数字，而用中文数字去计算，从而家中课堂上特地挂上了一块黑板，让孩子去写和算，这在当时旧式数学中也属罕见。当时的私塾在广东称作"搏斋"，意即"拷打的书斋"，由此可见是靠打孩子、强迫孩子背书的老式教学。高高一叠线装书,每次用朱笔在上面画出起止段落,以示下次必须背出,稍有迟疑就得挨打。这种体罚的教育方式对青主伤害极大,使他自幼对读书产生了一种逆反心理,以致一旦得以从这种折磨中解脱出来,如离开故乡去外地上新式的学堂或日后去德国留学,他就像一匹挣脱了缰绳的野马,自由、任性地奔驰,不再肯下苦功去读书,这正体现了物极必反的道理。接受了我国自古以来的许多优良的思想和文化遗产,使他不仅熟悉了祖国的历史、文化,能背诵经史子集的篇章,并能写出规范的文言文章,而且自幼懂得了为人之道,并建立了爱国之心,所以,幼年的苦读确实也使他终生获益匪浅。正是在这个坚固的基础上,他此后尽管长年接受新学和西学的影响,也不丧失深厚的民族文化根基和为人品格。这是他在谴责严父管教的同时,也不得不感激父亲对他精心培养的原由。至少作为他后人的我们,如今应当这样一分为二地来看待和评价先祖父对他幼年的教诲。

（三）在"老黄埔"陆军小学堂

（1910—1911）

青主九岁时已能写下题为《管仲论》的论文，这不仅为当时的人们难以想象，就在当时一般读书人家的孩子中也属罕见。这不仅说明他的读书成绩和旧学基础，也可以从中看出他自幼擅长于论说的辩才和创思。九或十岁时，他参加过"童子试"，即清朝在乡下举行对少年儿童进行的第一步科举的考试。当别的孩子连题目还没有弄清楚的时候，他已经写完交卷了。通过"童子试"，对于他是不在话下的事。由于时代的变迁和科举制度的废除，他没有再去考秀才，而去念了"洋学堂"，改学新学。

当惠州开始创办中学时，先祖父就让年龄只有十二三岁的长子去上中学。尽管他从未上过小学，但凭借着他的才华即能与一般十五六岁甚至靠近二十岁的大孩子同班上课。在惠州中学念了大约三年后，十五六岁时（约于1908年），他改去广州上"工业学校"；这说明当时工业救国的思想也波及到了廖家。当时在广州的工业学校，除了中国教师以外，还有一些日本教师执教，所以他从这时起也学会了说一些日本话。一两年后由于在学校闹事，他返回惠州挨了父亲一次毒打后，就此不再去工业学校念书了。可想而知：青主那样的性格和志向，哪里是攻克工业科学的料。

在维新思潮影响下，清政府也在广东省的黄埔兴办起一所

"陆军"小学堂。名为"小学",其实绝非如今的小学。"小"仅是初级的意思,而实质上是一所培养陆军军官的专科学校;是为"老黄埔",以别于1924年国民党改组后孙中山先生又在黄埔创办的"陆军军官学校",后者俗称"新黄埔"。

大约在十七岁时,青主进入"老黄埔"学习。这时,先祖父特地将他改名为尚果,取"尚有成果"之意,以取代原名增彝。原来在廖氏家族中,他们这一代的名字都用"增"字,属"增字辈",并且在"增"字后面都用一个古代礼器的名字,如长子"增彝"的"彝"字指彝器,是古代宗庙常用礼器的总称;二子名"增鼎",三子名"增敦";这个"敦",不是"伦敦"的"敦"字,而是一古字,念 dui(对)音。在古代,"敦"系当时的食器。这三个儿子是同母所生。母亲死后,后母还生有六个孩子。

青主在陆军小学堂的时间并不长,但却决定了他终生的发展道路,也影响了他整个为人的志向,使他和军事、政治乃至革命事业直接联系在一起。中国人经历了几千年的封建制度压制,终于在 20 世纪初奋起革命,铲除了封建主义,推翻了最后一个封建王朝,从而建立了共和制的中华民国。要达到这个目标,是离不开军事和武装起义的,为此,建立军事学校在当时正是当务之急。当时的广东省不仅接受新思想最早、最激进,并且在军事上也举足轻重。许多革命军人,尤其是原籍广东、广西二省者,均出自这所"陆军小学堂"。该校教师如邓铿、熊略、林震等,对反清和建立民国均立有功劳。廖尚果作为他们的得意门生之一也有着不同凡响的表现。尽管他在这些中国教师和其他日本教师教导下,对军事学习也有所长进,但是,离开了父亲的拷打和管教,追求自由和散漫的天性就更有增无减,从而,他不论在陆军小学堂或任何学校中学习,从不追求考试成绩突出,因为他一向认为考试本身根本不足以考核和表明一个学生真正的才能和水平。日后他总是这样教导我,他唯一的儿子:"历代状元,有哪一个是至今为人传诵的大诗人？而伟大的诗人又有哪一个曾经考中过状元？"不重视考试成绩也和他终生不重视虚名有关。"有名无实"、"徒有虚名"，是他经常用来指责某些他根本瞧不起的人的惯用语。

在陆军校小学堂，他和同乡，同学邓演达已开始结为好友，他们二人终生保持着亲密无间、无话不谈的友谊。邓演达才华出众，历次考试总是名列第一。老师邓铿曾经鼓励青主用功，也争取考个第一，可是他却说："考第一，有邓演达，不用我廖尚果了。"他一有空，就醉心于作诗填词，以致邓铿见到他常常问道："廖尚果，你又做'念奴娇'了？"话虽如此说，他在陆军小学堂作文课写的作文却显然出类拔萃，仅就他的胞弟辅叔如今记忆中他所写过的两篇作文片断已可见一斑，如《埃及古国记》中的结束段落：

"……非洲以东，亚洲以西，兔死狐悲之景况，将波及东亚。开国之古，果足恃乎？余吊埃及，愈益忧耳。君梦如何，我忧恐多，抚弦长叹，为吊埃及之歌"（接着把当时军校中教唱过的一首《吊埃及》歌曲，连词带简谱抄下）。

结果，批这篇作文的老师不仅打了满分（当时的满分是20分），而且还写下了这样的批语：

"……歌亦音节苍凉，声情激越。一声何满子，双泪落君前。"从这篇作文已可看出，年方十七的青主这时已满怀着忧国忧民的激情，面对着祖国陷于半沦亡的境地而不胜哀伤，所以，他并没有只迷醉于吟诗、填词的情趣中，而忘却了面对自己国家的现实以及很可能即将来临的、更可悲的未来。正是这种强烈的爱国情怀和时代意识，使他从青少年时代起就已写下了富有深意的诗作，不同于一般诗人的舞文弄墨，更不同于许多文人只知道在故纸堆中不能自拔。这时他还写过一篇作文论述当今列强侵华，逼得中国人该怎么办，由于长达二三十页纸，而且手书敏捷、草书难认，从而使阅读过他的胞弟辅叔，即使一向过目不忘也难以辨认，只记得老师批语最后写的是：

"天惊石破，盲人所不敢言，益以气概豪拓，是真文坛健者，末后主张破坏，外侮方殷，阋墙又起，其罔益固不必论，况食毛践土，三百年于兹，草野匹夫敢冒顽民之罪乎？阅者勿但知赏其笔墨之淋漓，而忘其持论之〔荒谬〕过激也。"

是这位老师自己将荒谬二字圈去，改为"过激"，真可谓用心良苦：他对这个思想激进、主张"破坏"（当时是革命的同义语）的学生，倍加欣赏其才华，怜爱其激进的豪情，所以不忍用"荒谬"二字来批评他，更不忍心使他为这篇主张革命的文章而犯下"顽民之罪"，从而只极其温和地用"过激"二字来批评他，并借此来为这位敢冒天下之大不韪的革命青年开脱。可以设想：如果遇上了一个封建政权的走卒向学校当局（满清政府）邀功告密，那么廖尚果不仅会作为一个"乱党"丧生，更会殃及家族：在封建极权的中国，"灭九族"是历代屡见不鲜的治罪手段。从对这篇早已从人世间消失了的激越文章的批语也可以看出：正在清政府统治下建立的"陆军小学堂"中攻读军事的廖尚果，正当初生之犊不畏虎的年华，从而敢于白纸黑字地写下这等石破天惊的文字。青主毕生从一开始就养成了这样一种忧国忧民、以身许国的习性，这将决定他终生的道路。

也正是在这一年（1911）的中秋节，青主写下三首七律，后来由他自己收入他的诗集《诗琴响了》发表。从这三首诗中也可以看出：尽管这时他年方十八，但他已胸怀壮志，一心想着参与"扭转乾坤"的救国事业。这几首诗生动地塑造出一个"攘臂高歌"、"闻鸡起舞"的有志青年形象，这在当时中国那个特定的时代具有典型性的意义：

中秋1911

此地今番月又圆,人生去往总因缘。
挂冠归去追前事,掷土重来忆隔年。
攘臂高歌思故国,闻鸡起舞着先鞭。
凋零万木凄清夜,破碎河山不值钱。

不将名字眷骚坛,早岁曾争翰苑盟。
切齿恩仇怀九世,誓心家国哭无端。
豪情入酒歌声壮,愤气填胸剑影寒。
无意班生生入塞,及时邀月尽余欢。

萤乾蠹老果何为?不屑才人做健儿。
多难遭逢余壮志,无衣高唱托遐思。
目空一切情犹昨,扭转乾坤事可期。
倚剑问天天不语,盾头磨墨且题诗。

这三首诗说明了他年幼时曾考过童生("早岁曾争翰苑盟"),但却并未曾认真地想沿着封建仕途去追求个人的高官厚禄;这时他成长为青少年,已懂得忧国忧民地拟仿效东汉名将班超(32—102)投笔从戎,拯救祖国的"破碎河山"。尽管他自幼确实有旧日文人和狂士"目空一切"的习性,但那种力图扭转乾坤的志向和气概却是可嘉、可敬的。中华古国在20世纪初早已沉陷于泥潭中难以自拔,不正迫切需要这样的有志青年去做封建王朝的掘墓人和新时代的催生婆吗?从这一时期开始直到他进入中、晚年,他始终生活在**"誓心家国哭无端"**的境界中难以自拔,正是这一心态决定了他毕生为人以及艺术创作的主流。

正是在他写下这三首中秋诗的时刻(这一年的中秋节是十月六日),紧接着自十月九日、十日起爆发了惊天动地的武昌起义,揭开了辛亥革命的序幕。当时孙中山先生领导的同盟会成员也领导着广东人民展开了反清的起义。陆军小学堂中有不少同盟会员，如邓铿、熊略以及他们的得意门生等。广东开始反清暴动后，同盟会为陆军小学堂的一批学生们买好船票，让他们路经香港前往汕头。那是一个星期六，廖尚果和同学们来到广州后，然后乘船去香港，再转赴汕头。他在攻打潮州府的战役中表现得十分英勇，不仅身先士卒，并且率领队伍攻入潮州府衙门。潮州知府陈绍棠原任惠州知府，曾杀过"乱党"，包括同盟会的成员，所以，廖尚果对他是"仇人见面，分外眼红"。他攻入潮州府后，二话不说，首先拔枪把这个知府毙掉。也正是在这一战役中，算他命大，命不该绝：一颗子弹击中了他的肚皮。中弹后，他急忙用手捂着自己的肚皮，以为自己会马上倒下，怎知并未如此。他惊奇地张开手掌，那颗子弹竟掉了下来，这才使他发现：原来那颗子弹正好打在腰间插着的另一把手枪的铁柄上；他的肚皮当即像小馒头似的肿了起来，而他却保存了性命，旋即继续投入战斗。这事，他茶前饭后经常作为小故事对亲友们叙说，庆幸自己命大。也正是在汕头和潮州一带的战役中，有一群武装的土匪盘踞在某处为非作歹，据他日后亲口告诉过我："当时我年轻，根本不怕死；我一个人跑过去向那批土匪喊话，叫他们不要开枪，并且劝说他们归顺革命军。结果他们真的听从了我的规劝，参加了革命军。回想起来，现在自己年纪大了，可不一样了，现在就怕死，不会再那样干的。"这就是一位忘我的英勇战士老年时坦诚的自供状。

原由清政府创办的"陆军小学堂"，就这样培养了一批清王朝的掘墓人。许多广东、广西的军人都出身自这所军校。他们不论在辛亥革命抑或在日后的北伐战争和抗日战争中，都曾活跃在广东乃至全国的军事和政治舞台上。他们习惯于以曾在该校第几期学习过来论"期"排辈。我经常听父亲说过：他是第四期的学生，张发奎、余汉谋等国民党将领都是他的后期同学，唯有李济深资历最早，是第一、二期的学生。

（四）有功民国，赴德留学

（1911—1922）

辛亥革命成功后，孙中山先生1912年元月在南京就任临时大总统，宣布了中华民国的建立。廖尚果由于在战争中的杰出表现，获得了两块银质的"革命军功牌"。他的胞弟辅叔年幼时不仅见过，而且还常拿这两块"革命军功牌"玩过。当时的新政府执政者卓有远见，革命成功后不是委派这些革命青年去当官，而是选派他们去留学深造。当时派往日本留学的最多，因为较近，文化、语言也较易熟悉，如刘伯承的叔父等都在这时被选派去了日本。可是，廖尚果却认为要学军事，他非去德国不可，因为当时在普法战争中普鲁士大胜法国，为德国作为军事强国在世界范围内赢得了声誉。当时去德国，只有乘船走印度洋、绕非洲，历时月余方可抵达。当时只有几岁的弟弟辅叔听说大哥要去遥远的德国，感到那仿佛是去另一个世界，不知他何日方得以归来。廖尚果途径香港搭乘海轮时，未等小木船靠近海轮，就一个健步想跳上海轮，怎知一个海浪把小木船打向后退，顿时他坠落大海。他从不会游泳，所以立即向下沉去。据他日后叙说：他越是挣扎着想浮起，就越是下沉，最初他以为发亮的地方是水面，竭力想向发亮地方划进，怎知适得其反：愈向发亮的地方前去，就愈没有底。说时迟、那时快，他急中生智地回想起平日曾听人说过：人体在水中保持不动，会自动浮起。于是，他马上冷静下来，安然不动,尽管已喝饱了海水。也许是经过战争的锻炼吧,他从这时起已能做到遇事不慌张,愈是危急就愈能保持冷静。果然,当他保持不动后,身体就逐渐浮出了海面,被人搭救了起来。这是他又一次险些丧命的经历。这事他日后,尤其在喝了三杯老酒回忆往事时,一直津津乐道。

一个不满二十岁的年轻人在当时远渡重洋,如果没有巨大的勇气和决心,是难以迈出这一步的。早在十八岁时,他已曾临摹梁启超的诗"风云入世多,日月掷人急。如何一少年,匆匆已三十"写过一首诗,如今胞弟辅叔只记得最后三句:

"……梅雨吹头白,如何一少年,匆匆已十八。"

我也听他日后多次提及这首诗,说:"我当时把十八岁已当作是一个很大的、应当有所作为的年龄,和当今年轻人的观念迥然有别。"

也正是在他十八岁远渡重洋去留学的年代,他还写过两首七绝:

> 大功如梦莫嗟嗟,
> 扭转乾坤一刹那。
> 待到时机都成熟,
> 药云弹雨剑开花。

> 我师大儿华盛顿,
> 我师小儿拿破仑。
> 任重不怜怜道远,
> 伫看濯足太平洋。

1912年,他十九岁时抵达了德国首都柏林。这是另一个世界,另一种政治、经济和文化的氛围。对于几千年来积压在中国人身上的封建主义政治、经济和文化的氛围,以及因循守旧、积重难返的陈规旧习,他早已深恶痛绝,所以他倾心于维新、变革,如今一旦踏上了这另一个世界的国土,一切都使他感到焕然一新。他一心抱着学习德国军事学的志向去报考军事学校。怎知当时的德国尽管承认中国的文凭可以报考大学,但是要学陆军却必须有公使馆的介绍信,而中国在柏林的公使馆主持人是袁世凯一派的人,他们对于国民党派来的留学生,特别是广东省来的军人,怀着畏惧和排斥的心情,不肯开介绍信。迫不得已,他才只好改学法律,进入了当时的柏林大学。这所大学后改称洪堡大学,直到如今。民国初年,中国国内政局风云多变,广东省政府的执政者也几经易人。幸运的是:对于省政府公派的留学生,他们却一直按月汇寄三百元来,从未中断,直到1914年第一次世界大战爆发后,中国向德国宣战以后不得不停汇。

德国大学的教学和他幼年在故乡"搏斋"中所经历过的中国旧式教学,真有天渊之别。前者的放任自由使他好比飞出牢笼的小鸟,再也不愿受任何约束,再也不肯那样下苦工学习。时隔了近半个世纪,他仍然向他唯一的儿子以及他在同济大学、复旦大学和南京大学的许多同学们,津津乐道地讲述德国大学中学习的自由:每个学期的第一堂课必须到场,为的是在教授持有的学生名单上签上自己的大名;此后直到学期结束的最后一堂课才必须出席,因为那是期终考核。至于中间的整个学期,悉从尊便,不存在点名和旷课的制度。凭借着他的聪明才智以及良好的记忆力,他只消在期终考试前把一大堆书籍借回来,临时抱佛脚地阅读和强记,就能应付自如了。事实上,像他那样一个人的性格和志趣,本来对法律就不会有什么兴趣,所以,他对于勉强去学的法律更抱着一种玩世不恭的应付态度。但是,这并不等于说他在大学里根本不去听课,相反的,他常常去听他爱听的课程或讲座。日后,他也常津津乐道地叙述当时在德国大学内外听许多值得听的课程和讲座：老师讲得如何精彩，以致听讲的大学生们习惯于不仅用手掌或拳头敲击课桌，更会用脚跺着地板，发出一片震耳的声响，以表示对讲课者或讲演者的欢迎和赞扬。当他自己50年代在中国大学执教时，在他的启发和纵容下，同济大学和复旦大学的学生们也竟然如法炮制地仿效德国大学的习俗，以顿脚声来回报他的讲课。

他在柏林时填过一首词，可以说正是他在柏林求学生活的写照：

虞 美 人

埋头书卷何时了？行乐须年少。到头万事梦飘风。差喜无穷堪应守环中。古人青史留名在，风景何曾改。春江花月不胜愁，肠断才浓酒兴泪先流。

他抓紧了大好年华，在异国不仅吸取了西方文化的精髓，并且也及时行乐地欣赏了人生的美好。他一辈子从不钻进故纸堆或洋书堆里做书呆子，但是，他却懂得真实不虚地、取其精华地去继承中国几千年的文化以及西方（尤其是德国）几百年来的精神遗产。他从不把这些遗产局限于某一个民族，而把它们当作是全人类的共同财富；他从不孤立地去对待和研究它们，而总是把它们视作为一个有机整体的组成部分，触类旁通、由此及彼地追寻着它们之间的联系和共同的源头和归宿；古今中外对于他来说是难分彼此的。

不消几年，他把柏林大学法律博士的学位攻了下来。可是平心而言，他的天性实际上与严谨的法学是格格不入的。法律博士学位的取得仅仅是他凭着自己的智慧和才华，通过泛读、强记以及撰写博士论文所取得的成果，这并不足以代表他十来年在德国留学的主要收获。尽管他那篇博士论文不仅被教授们通过，而且还被印了出来。正像他毕生不论当学生或当老师都不重视任何考试一样，对于考学位，他一向也视若等闲。在德国，他热衷的是其他的学问和其他的事物。

由于他具有诗人和哲人的素质和本性，以及他对祖国哲学、文学（尤其是诗词）有着深厚的造诣，德意志杰出的哲学、文学、戏剧、诗歌以及音乐，不仅像磁场一般地吸引了他，而且也被他深刻地领悟和接受。他广泛地阅读歌德、席勒、海涅等人的诗歌以及德意志古典哲学的论著和各种文艺评论和书刊，并且频繁地出入于音乐会大厅、歌剧院和轻歌剧院。下面的一首自由体的白话小诗，正是他沉溺于当时柏林无比繁荣的音乐生活中的真情实感写照：

> 沸光的堂！
> 繁杂的 A！，[指乐队演奏前各种乐器比对音准的标准音]
> 热腾腾的国际语言！
> 忽一阵夺了声息的沉寂！
> 众天神渐来降——
> 我登了天堂！
> Berlin
> Philharmonie，
> 神圣的 9. Sinfonie！[柏林爱乐乐队，神圣的第九交响曲！]

从这一首诗中已可以看出：从这时起，他对贝多芬第九交响曲等古典名曲何等热爱和崇敬。他不仅迷上了丰富多彩的交响曲，也热衷于聆听钢琴或小提琴的独奏会。几十年后，当他与我一起聆听法国钢琴家柯多（Alfred Cortot，1877—1962）的唱片时，他顿时回忆起当年他在柏林也听过这位钢琴巨匠的独奏会。像他这样深地涉足于文艺生活（尤其是音乐生活）的中国留学

17

生，在当时是屈指可数的。后来，随着他德语水平的长进，他更去观摩话剧。他对我说过：一旦当他能在话剧院内听懂台词，他是那样的兴奋和快乐。可以想象，这时他平日从纸面上结识到的莱辛、歌德、席勒等德意志文豪，似乎都在舞台上复活了过来，并直接向他倾诉，这使他何等的兴奋！

　　逐渐的，他尝试用德文写诗，并学奏各种西洋乐器。早在陆军小学堂当学生时，他已会玩一点乐器：每逢游行时，他总担任吹号，领着队伍前进，也不知道他是怎样学会的。至于二胡、琵琶等民族乐器，他却一窍不通。陆军小学堂曾经发有一些歌本供学生歌唱，部分有简谱，部分仅有歌词。他直到老年仍能记得这些歌曲，尤其在酒后，仍常在家人或友人面前放声歌唱这些歌曲。当时的不少歌曲用的是经日本传入中国的西方民歌旋律，如法国民歌《雅克兄弟，你还在睡觉》、德意志民歌《所有的小鸟儿都已飞来了》、英国国歌《神佑吾皇》等。那时，青主接触了这些歌曲后，曾形成了他的一种原始而朴素的作曲理论：他已经领悟到不少旋律写作往往总是"从 so 音开始，而用 do 音结束"。到了音乐的故乡德国之后，他更热衷于音乐了。可以想象：如果不是到德国留学，他的音乐水平肯定只能永远停留在那种原始的水平上。

　　他不像一般中国留学生勤于完成学校的功课，并主要局限于钻研自己的专业。他更勤于随着自己的爱好，涉猎各种民族的文化艺术。他从未有过把文学、音乐等当作自己的专业去从事的念头，而一直认为这些应当只是业余爱好和从事的对象。可是即使如此，他在这些方面花时间、精力和金钱却从不吝啬。这时和他以往在国内以及此后回国后一样，几乎每天都离不开中国古典诗词：不是手不释卷地阅读，就是凭记忆背诵，或更有时写作几首。用他家乡的方言与腔调朗读诗词是他最大的嗜好，我自幼在家中经常可以听到从他的书房或卧房中传出他念诗词的声浪，以致我很早就自然而然地模仿，并学会了用同样的方言和腔调去朗读古诗词。可以肯定：即是在德国，他也"一日不可无此君"地同样经常独自吟诵中国古诗词，虽然这时西方文学与音乐也以同样的强度占有了他的心灵。除中国古诗词外，这时，他口中哼唱或手下演奏西方旋律成为了他的第二嗜好。

　　正由于他对西方音乐的爱好和热衷，使他结识了后来的德国妻子华丽丝（Valesby Heinrich 1895—1969）。华丽丝出身于一个并非音乐世家的家庭，但由于当时普鲁士皇家乐队指挥许泰恩曼（Adolf Stein-mann）是这个家庭的世交友人，经常出入她家，从而使她和音乐结下了不解之缘。同时，她在当时柏林音乐生活的熏陶和整个音乐环境的影响下，不论在钢琴、小提琴、声乐以及作曲技术等各个方面都有了长足的进步。有一天，许泰恩曼告诉华丽丝：报上有一则征求小提琴私人老师的广告，她可以去应征。于是，华丽丝就此认识了廖尚果，成为了他的小提琴老师，原来正是廖尚果刊登了此项广告。由此可见，他当时迷恋音乐已经达到了何等程度，不惜花钱寻找私人教师，并花费大量时间去练习。华丽丝擅长的是花腔女高音歌唱、钢琴演奏以及作曲，但她也能演奏并教授小提琴，这在当时的"音乐之乡"德国首都柏林并非罕见。不仅廖尚果，日后她与廖尚果共同生下的女儿、驰名中外的小提琴家廖玉玑（Leonore Valesby，后随丈夫改姓 Kovacs，1922—　）也是她的启蒙学生。廖尚果结识了华丽丝后，不仅在琴艺上有所长进，更在德语和文化艺术修养上均大有收获。从此以后，他出入于华丽丝的家庭，并和她一起去听音乐会，逛格鲁讷瓦尔德（Grune-wald）森林（在柏林西部近郊），至今留下的纪念物不仅有极少数几张发了黄的旧照片，更有音乐的篇章，如刊登在青主与华丽丝合著的歌曲集《音境》（1930）中的《夏夕》。这首"柔细的歌"就是青主的"自度曲"。据他几十年后曾经向我透露过，这首歌词与歌曲与他当年在柏林与华丽丝谈情说爱时一起在柏林的湖上泛舟的经历有密切联系：

> 日西落，月东上，
> 我伴着她湖上泛舟乘凉。
> 风过处，别有香，
> 绮罗纤缕，映透皓皓清光。
> 难消遣，怎留连，
> 未免有情，幸有荷花前面；
> 齐举棹，入荷花，
> 荷花深处，断没有人看见。

这时的青主尽管在故里早已有父亲擅自为他定下的"未婚妻"，但他对她根本不相识，更无感情可言。他十几岁离开老家进学校，尤其是闹革命后，更对这种封建婚姻深恶痛绝，根本不予承认。现在，他在异邦结识了这样一位红颜知己、良师益友，更早已将父亲做主为他订过的婚事抛到了九霄云外，全身心地陶醉在狂热的恋爱中，并正式向华丽丝求婚。华丽丝当然也知道在当时的情况下，如果嫁给这样一个外国来的小伙子——大学生，将会付出怎样的代价，所以陷入了很长一段时间的思想矛盾之中。许泰恩曼先生的儿子弗里茨（Fritz）一直在追求她，她也已经赢得了许泰恩曼先生极大的欢心，甚至在他题赠她的乐谱扉页上已堂而皇之地写上 Meinem lieben Schwieger - töchterlein（赠给我亲爱的小媳妇），可是，这闯入者廖尚果却又如此不同凡响，特具魅力，不由得她为之心动，从而终于下定决心嫁给他，于是，他俩1921年在柏林正式结婚。

在德国自由自在的生活、学习和恋爱，并没有使廖尚果忘却了自己的故国和自己留学的使命，有词为证：

沁 园 春

　　回首当年：半壁斜阳，社鼓神鸦，正痛心亡国，神愁鬼泣，献身革命，虎掷龙拏；政倒君权，国更民主，气象万千新孔嘉。经营苦，似醉人扶步，东倒西斜。功亏一篑堪嗟，忍袖手南门观斗蛇？要山川养气，人民资学，五洲结客，四海为家。万里乘风，重洋破浪，有愿移栽西土花。真堪喜，喜欧师亚友，携手同车。

　　这首词真实地道出了青主当时的心情：尽管这时他身处远离故国万里之遥的异邦，不论在生活、学习和恋爱各个方面都称心满意，可是，他随时随地都在关心着自己祖国的政局变化：封建王朝被推翻了，共和新政也已建立，可是几千年的封建余毒犹存，南方、北方充斥着野心勃勃的军阀和政客，你争我夺地不惜火拼、动武，以致新生的祖国仍处于内忧外患、百孔千疮的境况，老百姓仍然生活在水深火热之中。面对这样的时代和社会，又怎能够完全安心地生活在个人幸福的小天地中就此满足呢？他现在已来到一个崭新的天地，随着时间的推移，他日益感到有必要向新的东西学习以弥补自己的不足，以改造自己的祖国，所以从这时起，他已滋长了**"有愿移栽西土花"**的决心，预言式地为自己终于以传播和教授德国音乐、文学和语言为主度过后半生的未来勾划出了蓝图；至于军事、法律、政治等等，实际上都不过是他一生的前奏而已。这时，他身在欧洲，对欧洲和亚洲的社会斗争，只能**"袖手南门观斗蛇"**。也正是他这种决不忍心对残酷的现实斗争袖手观旁的生活态度，促使了他日后哪怕能在异邦立足，也要抽身返回祖国报效，重新投入到如火如荼的斗争中去，哪怕这结果只能为他自己带来莫大的灾难和不幸。这里也许正好用得上他用以教子的一句诗**"不经沦落是庸才"**来说明他本人：正是他反复遭遇到的灾难和不幸，使他没有成为一个仅仅躲在个人幸福小天地中安身立命的庸才，也使他的诗歌和乐曲创作具有了切实、丰满并且动人的内容和光彩。当然，这些都是后话。

1914 年，第一次世界大战爆发了，作为这次大战罪魁祸首的德国首先自食其苦果。柏林作为德国的首都也并不例外地逐渐陷入了物质生活极度短缺的境地。由于德国的粮食、蔬菜等大多仰仗进口，一旦被敌国封锁就难以自给，这也导致了青主的生活发生了困难，尤其是由于中国与德国断绝了外交关系后，每月三百元的留学生费用无法汇来，他从此不得不自谋生路。于是，他就通过为报刊撰稿以及公开讲演来挣钱。凭借着他对中国历史、社会的理解以及中国文化的修养，加上他这时已经相当不错的德语水平，对此他已能胜任，像他这样能在德国以此谋生的留学生并无第二人。正是通过写文章和作演说的实践，他的德文不论在写作和演说方面都获得了长足的进步。当然，在这过程中少不了有华丽丝帮他在文字上润色。他们二人甚至还曾合作翻译过一些唐诗在杂志上发表。此外，由于他的办事能力、工作作风等都出类拔萃，因此被推选为历届中国留学生联合会的会长。从如今唯一保留下来的一张当时中国留学生在柏林合照的照片中可以看出：这位学生会会长总是坐在前排首席，瘦瘦而高大的身材、炯炯有神的目光，流露出一种极度的自信和自豪。不管对本国人或外国人、对有权有势或有钱者，他都从不卑躬屈膝，终生信奉着他曾用以教子的格言"**人到无求品自高**"，以此作为为人的准则和生活的信条去做人。他宁愿抛弃自己当前或未来的利益，甚至自己的荣华富贵和前程，而从不委曲求全或卖身投靠，始终保持着自己的人性尊严与独立自主的个性和自由，绝不以此为代价去换取任何功利。

附图1　1914年在柏林的中国留学生联合会全体成员留影。前排（从左到右）坐着的第一人系廖尚果，第四人系萧友梅。

战争带来的通货膨胀和物资短缺迫使他前往农村购物，甚至曾远赴波兰、丹麦。他在丹麦不仅可以得到良好的食物供应，而且还受到了农村姑娘们的青睐：金发碧眼的她们从来没有见过一个满头黑发的小伙子！这时，他的留德同学萧友梅先生也因物质短缺而暂时移居乡间自种土豆维持生活。

战争初年，他曾经有过写一部《大战史》的打算，为此广泛收集资料，但这并未完成。漫天的烽火也曾激发起他报国的壮志和炽热的诗情，写下这样两首纪实的诗篇：

1914

斗智争奇会战忙，飞船巨炮破天荒。
袖观壁上心徒痒，大嚼屠门气亦扬。
眼底沧桑看变幻，胸中戎马自仓皇。
我来见猎宁非福？吞吐风云入绣肠。

人豪济济猛登台,攻玉它山足取材。
绝域从军空有意,故邦回首更堪哀。
鹊巢鸠占宁天数?弱肉强争总祸胎!
安得雄兵五千万,周旋列国主盟来!

诗篇中宏大的气概源自诗人宏大的抱负;洋溢在诗句中的幻想来自作者满怀的理想。廖尚果曾经经历过腥风血雨的战争,如今在欧战的烽火中作为一个异域的青年,岂能甘心于作袖手壁上观?他此时更心怀着弱肉被强食的祖国,为国内混乱的政局忧伤,恨不得率领"**雄兵五千万**",在欧、亚乃至全人类的舞台上导演出一出石破天惊的壮剧。可是这一切都只能是狂想,他只能限于"**攻玉它山足取材**",从欧战中吸取教益,以备日后运用。

他毕生曾多次套用过龚自珍(1792—1841)的诗句:"**唯恐刘郎英气尽,卷帘梳洗望黄河**",通过假借娇妻的口吻来抒发自己享受"清福"之时也未曾忘怀的雄心壮志:

百 字 令
和友人韵

乾坤逆旅,向风云酝酿,几经寒署?未吐气时堪养气,看猎十年情苦。磨盾题诗,覆鞯草檄,惯作惊人语。兴亡有责,几回谋到难处。堪叹如此头颅,年华未老,暗地悲风雨。迟暮功名亲未显,妻子望他龙虎。帘卷黄河,孤悬白日,九万扶摇路。昂头去也,何曾目有余子?

正是这种对自己的祖国"**兴亡有责**"的意识和立志干一番报国事业的雄心壮志,决定了他在德国"**看猎十年情苦**"之后,重返故国,再度投身如火如荼的革命。同样,他在此时所作的另一首诗中又套用了德意志诗人海涅有关要在人间建立天堂的思想,来表达他"**不把天堂世外求**"的抱负和理想:

出　征

岂为艰难志便休？直将七尺砥中流。
一拳打破千重雾，只脚踢翻五大洲。
果是有心天不负，全凭放胆我何忧。
纵横待到功成日，不把天堂世外求。

在德意志诗人中最引起他强烈共鸣的不是歌德或席勒，而是海涅。海涅的诗句简洁有力，情感真挚、浓烈，这些特点最接近于他自己的性格和诗风。所以，他不论在后来的德语教学还是在翻译实践中，用得、译得最多的就是海涅的诗篇。海涅的无神论观点以及绝不妥协、毫不宽恕仇敌的思想，也深得他的赞赏而屡加引用。例如他日后在《诗琴响了》（1930，94—95页）中曾经这样写道：

"Heine 说得好：我有一种极和平的意志。我的愿望是：'……窗外有花，门外有树，如果天帝更要使我幸福不过，那末他应该使我得到这样的欢喜：把六个至七个我的敌人，吊死在这些大树底下。那时我便要把我的敌人生时对我所造的各种罪恶宽恕——是的，我们要宽恕我们的敌人，但是，在还未曾把他们吊死之前，我们是不能够把他们宽恕。'——我并非是要曲解前人的话，我现在只就 Beethoven 来说，如果我们对于我们敌人，不是要把他们吊死了之后，才把他们宽恕，那么，先前那一度惨烈不过的战争，不是完全没有意义么？——Madame！外面又起了一片惨杀的枪声，全酒店里面的人们，都惊惶起来，但是，我们是用不着惊惶的，我们保留着我们的思想和爱。"

由此可见：正是现实的残酷和敌人的无情逼迫得青主同意海涅的观点。正是他从少年时代起与顽敌作生死搏斗中成长的亲身经历，教导了他必须对人民的仇敌绝不妥协、毫不宽恕的观点，所以，他如此赞赏海涅是可以理解的。

这时的廖尚果免不了也有中国古代文人狂士那种过于自负的倾向，所以会在诗中自供出"何曾目有余子"的语句。在德期间，华丽丝的母亲曾经劝过他多用功、多上课，以取得更佳的成绩，早日攻下法学博士的学位，可是他却轻狂而俏皮地回答："我不去上课，好让别的笨蛋有些出路；我们这样的人再用功的话，他们就没有活路了。"这固然是他一时诡辩的出口狂言，但实际上也流露出他对法学这门学科本来就没有什么兴趣。尽管他后来也取得了柏林大学法学博士的学位，日后返国也曾在孙中山先生的大元帅府当过大理院推事（相当于国家最高法院的审判官），并且在"大革命"时期还担任过广东法官学校校务委员会的副主席（实际上的校长），但凭心而论，他的本性与法学是格格不入的。他在德国十余年，更多的时间和更主要的精力并没有用在对法学的钻研上，而是深入地去接受德意志文化艺术的熏陶和思想精神的感染，享的也是与华丽丝生活在一起的清福：

清　　福
作于1920年前后

几多清福几多情，伴读佳人睡半醒。
未吐气时堪养气，不求名处足成名。
前台灯照修民约，远寺钟声颂太平。
何日济时心事了，后庭花月足平生。

这首诗比较早地已显露出他一贯的思想矛盾：既怀着济世济时的抱负，又憧憬"后庭花月"的闲适。入世和出世一贯同时并存于他的思想和理想之中，这两者往往似乎并不矛盾：他憧憬的是为国为民干一番惊天动地的事业后，再去安享"后庭花月"的清福。可是，事实上这二者往往并不可能不矛盾，以至于他毕生总不能感到真正的满足：他一辈子追求个人的清福，而同时又对国家和人民的事业念念不忘；不论在他一生的任何阶段，他都没有为个人幸福或私利而忘却过"国家兴亡，匹夫有责"的大义。出世和入世这两个方面，他都曾经涉及并身体力行，这正是他为人的可贵之处，使他与一般凡夫俗子或争名逐利之徒有天渊之别，但是，他在这两个方面实际上都未能遂愿，因为他所处的时代与社会不允许他去实现那样的理想；这正是他个人一生的悲剧所在。若不如此深刻地去理解他毕生所憧憬的这种既入世又出世的人生理想，就难以真正地理解他的为人及其种种表现，也难以真正体会他的诗风、乐艺及其种种色调。

在德期间，大约是为了抗议八国联军时德国曾将中国天文台的仪器搬回德国，他曾经出于义愤写过一封信给德皇威廉二世。据我记忆，他说过：威廉皇帝曾命令官员接见他，告诉他此事原来已经解决：原物已归还中国。

1914年，德国"军神"兴登堡在东普鲁士的堂能堡（Tannenberg，今属波兰，易名为Stebark）大胜俄军。青主曾作诗歌颂，由华丽丝译成德文，寄给了兴登堡。后者为此回信致谢，并用了一支笔头极粗的钢笔亲自签名。青主的胞弟辅叔曾见过此信，对兴登堡签名的笔迹记忆犹新。1930年青主在上海时回忆旧事，曾重新撰诗，发表于上海音乐专科学校校刊，内中有句云：

君不见鸦片之患扰未平，满蒙烽火又相告……
斩尽楼兰报国仇，琼筵虏肉餐个饱。
啊，兴登堡，天长地久，范勖吾曹。

本来抱着学习军事的目的去德国留学的廖尚果，这样将当时在德国被当作"民族英雄"的兴登堡作为典范，再度激起自己军事救国的激情，是可以理解的。

青主一向有着雄辩的口才。他的演说不仅以丰富的内容，而且还以具有巨大的吸引力和感染力著称，这不论是他留学期间进行的公开讲演，以及返国后在政界、法界、军界和学界进行的讲演和教学均可作证。在德期间，他作为一个外国人能多次举行个人公开的讲演会，并受到肯定和欢迎，是非常罕见的。可是，对他讲演的报刊评论却写道（大意）：这位廖先生讲演的内容很精彩，可是他的德语发音却很差劲。——这是完全可以想象的：像他这样一个土生土长的广东人，从小说的是惠州方言和广州白话以及"天不怕、地不怕，只怕广东人说官话"的普通话，那乡音之重、口舌之笨是不足为奇的。他一直以广东为生活、学习和工作的基地，交往的大多也是广东人，与标准国语有着天渊之别。所以，他一辈子说普通话始终没有摆脱过广东人说官话的腔调。可是，年少气盛的廖尚果不甘心于遭到德国报刊评论那样贬他，从而发奋要掌握地道的德语发音。他懂得要做到这点，最好的就是向德国话剧演员学习。于是，他不惜破费地去拜一位柏林的女演员为师，以纠正自己的发音。当这位女演员听了他一段朗读后，毫不客气地说："廖先生，你必须从 ABC 学起！"于是，他就硬着头皮地当小学生，以惊人的毅力和勤奋逐步地不仅掌握了标准的德语发音，并且跟随这位话剧女演员学会了规范的德语朗诵，乃至领悟了语言作为思想情感表达手段的规律。这使他毕生受益无穷，甚至于对他日后谱曲作歌，如何处理词曲关系、如何安排抑扬顿挫、轻重缓急等，也大有影响。自他幼年在"搏斋"背古书、学古文以后，从未像这次掌握德语朗诵这样下过苦功。此后，他的讲演博得了一致的好评，包括发音和朗诵，甚至被认为超过了一般的德国人，而足以与有文化修养的德国人媲美。这个经历也使他一辈子受益匪浅，以至于返国后不论在与德国人打交道或后来在大学教授德文时，都赢得了中外人士的惊奇：怎么一个连中国普通话都一直说不准的广东佬，说起德语来却比德国本国人有过之而无不及？所以，此后他在教学生（包括儿子）学德文时，特别对发音要求既严且高，使得我也能步他的后尘，自八十年代留德后，不论在国际学术会议上或电台广播中均获得了德国人同样的评价。

1918年战争结束后，他被推选为"被侮民族联合会"的评议员，更四处演说：不仅做学术性的，也做政治性的公开讲演。当时没有扩音、录音设备。听他讲演的场所以人满为患，不得不开辟第二会场，即在第一会场讲完后，再到第二会场重复讲演。战后，梁启超访问德国时由他担任翻译；上海有名的企业家虞廷芳访德也由他陪同并担任翻译。几十年后，他曾告诉我，这些活动的机会使他经历过各种场面，也享受过各种豪华的接待，什么物质生活和享受都不会再对他有什么诱惑力。

在欧洲留学期间，他的足迹还曾到过"音乐的首都"维也纳和伦敦、巴黎等。他告诉过我，在巴黎，他最喜欢坐在咖啡店里听巴黎女郎们交谈，法语柔美、悦耳的声调使他听得入迷，虽然他只听懂少数几个字。他还去过瑞士，有诗为证：

念 奴 娇

瑞士月夜泛舟

约1919年

欲行且住，看晚凉天净，月明如许。难得邦人三五辈，今日异乡团聚。离合悲欢，雪泥鸿爪，会后知何处。人生行乐，及时且自欢叙。最是风月多情，湖山似画，今夕凭余主。水底天光湖上月，一叶随波来去。纵酒高歌，开怀说笑，洗尽人间虑。风光吞吐，豪情不让仙侣。

几十年后,他在家中曾多次提及瑞士之游,尤其对琉森(Luzern)及其四林湖(Vierwaldstätter See)的美景以及瑞士民族英雄威廉·退尔(Wilhelm Tell)的古迹,还有瑞士最高的"处女峰"等名胜念念不忘,惹得我在八十年代也特地从德国前往瑞士两次,特别前往疏森、四林湖、处女峰等地观赏,同时也为了追寻他的足迹。我还记得他曾在30年代写的文章里说过:有次他在瑞士,由于想起了德国那些到处可见郁郁葱葱的大片森林,那是瑞士等其他许多国家均难以见到的,于是顿时间,他茫然若失似地怀念起德国来,便马上买了车票返回德国。由此可见,青主对久居了的德国情感多么深厚,连瑞士的美景也挽留不住他了。

在德期间,他还写过一首诗,足以为他这时的精神面貌写照:

送　友

偶因患难见生平,此别毋嗟汝道零。
为我谋人多努力,流芳遗臭总关情。
头颅大好谁能砍?时局多难剑自鸣。
无限河梁珍重意,看他竖子浪成名。

旧时中国的诗人、狂士惯常看不起凡夫俗子等闲之辈,他也一样:眼看许多远不如他的人飞黄腾达(这在他毕生是习以为常的事),从而写下这样的诗篇;但这并不等于说他目空一切,就没有知己好友或自己十分敬重的人,例如在留德同学中,和他最友好的就是他早在陆军小学堂中的同学邓演达。他俩的情谊和关系一直十分密切,这甚至影响了他一辈子(详后)。此外,他和李煦寰也有着很深的情谊。李煦寰(1896—1981),字彦和,曾在法国攻药学,获博士学位,是他的同乡和拜把兄弟。大约1921年,他曾写过一首诗送给李:

寄李彦和
——里昂

陀城别后几沧桑，此际封书意正长。
有志匡时非报国，无心问政却还乡。
痴呆顽钝伊谁咎，险阻艰难久备尝。
待到里昂团聚日，一杯与汝话兴亡。

除作诗外，他早在留德期间已在学余、业余从事作曲，这从一开始就离不开华丽丝的影响和帮助。华丽丝最初作为廖尚果的私人小提琴老师，后来便不限于此。在音乐的故乡德国，他饱受古典音乐的熏陶，自己学习音乐的热忱也与日俱增，从而对作曲理论、钢琴、长笛、竖琴等均下过功夫。华丽丝在钢琴和作曲方面是学有专长的，在这两方面对他的影响和教导也随着他们之间关系进展而日益增进。当然，在德期间仅系起始阶段。日后于二十年代末和三十年代初，他俩在音乐方面的合作更达到高峰，此是后话。

青主在柏林前后居住了十年（1912—1922）。除1914—1918年第一次世界大战时在物质生活方面曾吃过一些苦以外，他在这期间可以说是享尽了清福。凭借着广东省政府每月汇来的三百元大洋留学费，在当时德国足够度日，尽管他从不懂得量入为出，更遑论储蓄。他一辈子习惯于钱一到手就花完。他一贯抱着"**天生我才必有用，千金散尽还复来**"（李白《将进酒》）的态度对待钱财，从不计较，也不筹划，如此渡过了说富不富、说穷不穷的一生（个别时期除外）。在精神生活方面，他在柏林充分享受着德意志的文化（尤其是音乐）生活，更有才貌过人的华丽丝相伴，并和许多中国同学、外国友人经常见面，无拘无束地高谈阔论，从而他乐不思蜀。战争爆发后，以及尤其是中国对德宣战后留学生的月费无法汇来以后，他确实为挣钱写稿和讲演而辛苦得很，但却从未去干过打工的体力活。

后来,他移居到柏林附近的波茨坦(Potsdam),这与他一贯喜欢远离闹市到郊外居住的习性有关。就像他熟悉中国历史上突出的帝王那样,他也对普鲁士的弗里德里希大帝(Friedrich I, 1620—1688)和法国的拿破仑深感兴趣。我从小曾听他讲过不少有关弗里德里希大帝的故事,绘景绘情,津津乐道。他住在波茨坦弗里德里希大帝修建的无忧宫(Sans Souci)附近,得以随时前往那美不胜收的御花园散步,也发思古之幽情。他和掌管御花园的守门人混得厮熟,以至于后者在下班时竟将大门钥匙交给他用,使他得以不受时间限制地呆在御花园内。他频繁地、几乎每日必去无忧宫和御花园漫步,可以从这和他晚年在南京买有月票,几乎每天要去玄武湖漫步数小时的习性相仿。他就这样不论在国内国外、早年或晚年,均习惯于生活在超脱现实的境界中自得其乐。

他作为一个十九岁的青年人来到了德国,并在那里一口气生活了十年,尤其在和德国人结婚以后,更使他深深地洋化了。据他说:他到后来不仅成天说德国话,甚至使自己习惯于用德语来思维,这不仅促进了他对德语的掌握,也使他习惯于德意志民族特有的逻辑思维方式。他就这样将德意志的语言、文化和习俗结合在一起去接受,达到了水乳交融的地步,往往很难再分清彼此、中外。1934年他曾写道:"**我因研究西方的文化,才彻底认识东方的文化,我如是,别人大约亦如是。**"(《我亦来谈谈所谓国乐问题》,《音乐教育》第二卷,第八期,1934)他的这一观点和歌德的名言"谁不懂外语,就对自己的语言也一无所知"完全一致。青主一生难得的是:哪怕他长年侨居国外并沉溺于异域文化之中,也没有放弃对自己祖国文化的继续研究。他在德期间不论讲演和写文章,除政论外主要就是向德国人介绍老庄哲学和中国古典文艺,尽管当时的德国人对中国文化了解得很少,以至于他的朋友、德国近现代著名的文学家拿德尔(Arnold Nadel,

1877—1943）曾有一次对他说："要西方人了解庄子和老子，总要等百年以后，然后他们才可以得到相当的成熟！"（见青主《几生修到的瓦格纳》，《乐艺》第一卷第三号，1930）。这位最后在奥什维茨（Auschwitz）集中营被纳粹迫害致死的犹太作家的话说得一点不错，可惜虽然时间已过了将近百年，至今西方人了解老庄哲学仍然相当肤浅。相反的，当青主1922年返回祖国后，尽管他从此没有再出过国，可是他对西方文化的接触和继续研究和吸取却一直没有间断过。除不时与西方人交往外，他更通过书刊等继续和西方文化保持密切的联系，尤其是1946年起担任大学教授、从事德意志语言和文学的教学后，更作为专业去不断研究。可是就在这同时，他的书架上、书桌上和枕头边，始终可以看到他爱不释手的线装书。中外古今的语言、文学和文化，是他毕生的精神食粮，始终哺育着他的创思和灵感。他的一切都离不开这合二而一的江河汇流，使他在人生的道路上从未感到过空虚或孤寂，从而他毕生也不会觉得闲得没事干。

但是，他也并不例外地在学习到西方人许多长处的同时，也沾染了西方人的一些坏习惯。德国人为人忠实、办事和治学认真严谨以及讲话守信、准时等，从待人接物、工作作风直到生活细节都决定性地影响了他毕生做人、工作和生活的基本态度和习性。可是，从德国人的死板、不懂得通融、宽容和随机应变，直到生活上的讲究、不能像中国人那样的吃苦耐劳以及吸烟、喝酒，也在他身上有足够的反映，而且他那样深的"德意志化"，使得他回到中国后往往难以适应中国的整个社会和人际关系。他在德期间养成了喝酒的习性，尽管算不上酒鬼的酗酒，但危害已不小。他自己曾经说过，他在柏林时与德国友人打赌，比谁能喝下更多的啤酒，不惜大量喝下后到厕所用手指抠自己的喉咙，将刚喝的啤酒吐掉，然后再去继续喝。返国后，他也长年吸烟、喝酒，并且三杯老酒一下肚就要"发酒疯"。他不仅会滔滔不绝地信口开河说个不完,而且什么蠢事都会干,如像当时的德国人那样把酒杯喝干后扔向墙去,并跳到饭桌上去挥拳高歌,甚至有时还会疯到奔过去抱着某个妇人亲吻。这些举止在德国(尤其是大学生中间)不足为奇,在中国却会令人大惊失色,视为疯狂。等到酒性过去,他会自行恢复正常,甚至听别人讲述他当时如何"发酒疯"时深感后悔,但已无济于事,下次喝了老酒还会故态复萌,别人怎样劝阻、警告也无济于事。直到他晚年(最后的八九年),他才彻底戒了烟酒。我总怀疑:可能正由于他自青年时代起就长期饮酒,酒精的毒不能为肝脏排解,从而导致了他最后患肝癌逝世。中国人的体质与外国人不同,对酒精的吸收和排解能力可能也不一样。德国人在日常生活中经常习惯于以酒代水:客人来访时从无献上茶水的习惯,而总以酒招待;社会集会也是如此,甚至什么也不吃的每人捧着一杯又一杯的酒干喝;日常生活中也缺乏喝开水的习惯,除在一定时间喝一两杯咖啡外,而习惯于以酒代水,正像俄罗斯人的谚语所说的,"水不是沃特加,不能那样常喝"。

虽然如此,总的说来,青主在德国度过的岁月是没有虚掷的。他的学识、阅历因此大为丰富,这对于他此后毕生的为人、思想、习性等各个方面都打下了深刻的烙印。他确实不仅懂得,并且实践了"他山之石,可以攻玉"的道理。他不仅出色地"**移栽**"了"**西土花**",并且在回国的几十年内为中德文化交流和事业合作做出了杰出的贡献,这分别具体的体现在他此后毕生的各个阶段之中。

（五） 北伐战争与"清党"时期

（1922—1928）

廖尚果在德国结婚后大可以就此定居德国，可是，心怀报效祖国人生观的他乡游子，是做不到"**翻把他乡认故乡**"的。他从来没有过终生定居国外的想法。

1922年，他偶然地结识了广州一个印刷公司的小老板，后者有意请他回国去发展印刷公司，为此愿意提供他回国的路费。一辈子不懂得算账的他根本不知道其实中国政府早有规定：公派留学生回国，国家可提供路费。他从不去打听这类事项，就心血来潮式地作出了回国的决定。他说服了华丽丝让他一人先行回国，日后再来通知华丽丝和幼女玉玑一起来中国。

惠州老家的人得知他将回国，奔走相告地说："番客回来啦！"以为他已是在海外发了财归来的"番客"。广东省当时不少地方是侨民之乡，许多中国人去外国若干年后腰缠万贯归来早已是惯例。殊不知他**囊橐萧萧、两袖清风**，最值钱的仅是带回来的一把小提琴和若干西洋画册而已。父亲对于他在海外娶了洋媳妇十分不满，决不予以承认，但既成事实也无可奈何，何况这个"孽子"早已在家族中宣告过："我今后离开老家，决不要求继承任何家产。"可是，父亲仍然执意迫使他必需与早已指腹为婚的惠州妇女阿述完婚，因为在当时的中国，三妻四妾本是常事；贤良的阿述已等候了十几年，他现在既已回国，就断无再拖延或悔婚之理。阿述的父亲也十分重视与廖家长子的这门婚事，特地去广州办了嫁妆。于是，他慑于父命不得不顺从，就与一位素不相识的家乡妇女结婚，尽管自己在国外已与德国妇女结婚并生下幼女。据青主日后对我母亲说，当时在家乡，如果儿子不顺从父命，父亲完全可以抱一只公鸡代替着与新娘完婚。他就知道有这样的先例。可以想象：他与一位难以有共同语言的乡下姑娘完婚并一起生活，开始必然是格格不入的。可是这位述妹却对他百般体贴，并且百依百顺，宁愿委屈自己也要顾全大局并讨他的欢心，从而使他深受感动，逐渐地对她也产生了感情。从1922年成婚直到1925年阿述因难产逝世这三年时间内，阿述从不表露自己哪怕会有的任何不同见解或不满。据胞弟辅叔回忆，有一次青主得到一笔钱，全数汇去了德国给华丽丝，阿述尽管一言不发，但顿时脸色变得苍白。由此可见这样一位贤良的妇女当时可怜的心情。她十分清楚丈夫的心完全属于异国的妻子。她就这样默不作声地克制着自己，忍受着旧中国封建制度对她的伤害。正由于阿述这样贤良，她突然地死去使青主万分悲痛，后来便将自己写的《乐话》奉献给她，书中把她当作为作者谈话的对象——一位高贵的"Madame"（女士）来谈论音乐，以此作为对她永久的追思与怀念。

他回国后也不懂得去钻营门路，利用自己在广州等地广泛的社会关系，为自己的职业和仕途开拓。他毕生从不懂得，也不愿意在达官贵人们中间奔走，更谈不上投靠。所以，他返国后最初仅在广州那间印刷公司里做了几个月事，就罢手不干地回了惠州。当时广东的政局十分动荡，派系斗争十分剧烈。本来拥护孙中山的陈炯明（1875—1933），后来也背叛了孙中山。辛亥革命期间，陈炯明是广州方面的负责人之一，对他曾经在陆军小学堂教过的学生廖尚果非常关心，夜间查房时还曾为廖盖过被。辛亥革命胜利后，陈被推为广东省副都督，1920年后任广东省长兼粤军总司令。廖尚果 1922 年回国后,曾在陈的总司令部中当过秘书。1923 年三四月间,广州孙中山大元帅府的司法部长徐谦推荐廖尚果任大理院推事(相当于最高法院审判官),虽然为时很短,但总算对上了"号",他本来有着德国法学博士的学位。可是后来广州的侦察长提出,廖尚果曾在陈炯明的总司令部里做过事,而陈当时已是公然反对孙中山并炮打总统府的叛徒。于是廖尚果自动离开了大理院,去香港闲居,这是他回国后的第一次不幸遭遇。

1923 年在香港居住时,他曾作有小诗数首,如:

幽　人

幽人来去本无群,人籁天声处处闻。
月步人间人步月,云涵海气海涵云。
有无正反原同道,善恶穷通不二门。
欲效陈平分月色,那知月色已平分。

这首七律是赠给他二弟廖仲爽(1903—1968)的岳父饶寿平的。饶寿平也曾在陈炯明手下当过旅长,这时也住在香港。他们二人都因曾在陈炯明手下做过事,有共同的不幸经历,所以现在会有同病相怜的心情。他自幼钻研老庄哲学,深有领悟,这也经常体现在他的诗句,甚至为人处事的态度上;这在这首诗的后四句中也有所表露。陈平是汉代人,少时家贫,好黄老之术,曾以分肉平均、公正闻名,后任汉朝丞相。

还有一首小诗也是他在香港闲居生活的随笔写照:

即　事

约 1923 年作

山中相送罢,云破月华开。
唱酬都雅事,夜半送诗来。

他一辈子爱好写诗填词,视与友人唱和为乐事,所以"夜半送诗来"自然是雅事的纪实。

另一首词也是与人唱和所作。惠州同乡张友仁(1876—1974)是他妹夫的哥哥,1911年参加同盟会。民国后,经先祖父计百公推荐张为革命军工作,已如前述。他后来更为广东、福建的公路建造以及广东的文化建设做过杰出的贡献,并曾编写过《惠阳县志》、《惠州西湖志》,解放后曾任广东省文史馆副馆长。

念 奴 娇
叠韵和张友仁

道之张弛,似月有阴晴,时更寒暑。欲使有涯随无极,误己误人徒苦。守取环中,无穷堪应,此外无他语。休谈宗国,家在人生安处。最是人性如花,世间文化,罪恶同风雨。强能不刚柔不弱,何取刺蛟射虎。利有用无,致虚守静,花遍人间路。安居美食,彬彬文质君子。

这首词中更处处流露老庄的哲理思想,把世间文化视作摧残花朵的风雨和罪恶,而崇尚重新返回自然,去当一个毫无心机之人。这也正是青主为人一辈子憧憬的精神境界。

1923年,他由香港返回惠州。惠州友人叶举四十岁时作有十二首自寿诗,青主曾作有和韵词一首:

南 歌 子
和友人韵

白眼看人惯,逢君一放歌。更无言处意如何,底事人间无处避风波。忧患雄心在,年华电影过。为谁投笔又投戈?太息英雄天下已无多。

叶举当时任陈炯明手下的总指挥。他手下第五军军长熊略也曾是廖尚果在陆军小学堂的老师。廖常去叶举的总指挥部打诗钟，如为步第六个字的"西玉凫胫格"作有诗句"**关山绝塞辽西梦，云雨荒台宋玉悲**"。

他这一时期的诗作还有下列两首：

有　　感

少年投笔壮离乡，十载归来气不扬。
失志英雄聊种菜，过江名士愧沾裳。
逢场作戏近无赖，对酒当歌恐永伤。
只有壮怀堪自信，故人相望莫相忘。

太　　息

英雄时势肯相违，太息纵横计总非。
如此苍生如此恨，磨刀谁为赋无衣！

从这些诗词中可以看出，他返回祖国的头几年内郁郁不得志。由于他与陈炯明、叶举、熊略等人的关系，以及家乡惠州这几年间为陈炯明的势力所把持，他只好在他们的军部中当清客，吟一些太息的诗词，以寄托自己郁闷的胸怀。

1925年3月12日，孙中山先生在北京逝世，当时他仍在陈炯明统治下的惠州，为此作有哀悼的七律一首：

孙中山先生逝世志悼

刍狗年华四十春，不拘成败见天真。
吊民伐罪兴民国，借党营私恐党人。
道远最怜中道死，才难今见大才贫。
北庭扰自俳优戏，天讨于今谁继申？

这首诗哀悼孙中山先生自二十岁开始闹革命直至六十岁逝世的光辉一生,也表露了诗作者对孙中山先生死后有谁能真正地继承他的事业把革命进行到底的忧虑,以及对国民党那些借党营私之徒的预见。北方的军阀们也只能有待于此后北伐战争去对他们声讨和消灭。诗作者这时已孕育着自己将在此后北伐中献身的志向。

1925年10月,国民党终于攻克了惠州城,完成了广东省的统一。他接着前往广州,由邓演达推荐在黄埔新建的陆军军官学校校长办公室任少校秘书。邓演达(1895—1931)自1920年追随孙中山先生闹革命,曾在孙中山命邓铿创建的粤军第一师中任参谋长兼步兵独立营营长。1922年6月,陈炯明在广州叛变后,他奉命东下讨陈并重新占领广州。他深知廖尚果仅由于以往与陈炯明等人的历史关系,虽在惠州时曾短期在陈的总司令部任秘书,但绝无反对孙中山先生之意,所以,邓演达推荐廖尚果在黄埔陆军军官学校中任职。

1926年春,他赴广州访邓演达后曾作诗一首,记述了他这几年沦落在故乡的苦闷以及自己心怀的壮志并未消退,而如今与邓重逢后眼看将走向光明大道。他这时只能看到这一点,而却对自己此后将遭遇到几次更大的打击还毫无预感:

沦　　落

沦落乡关百事哀,只余壮志未全灰。
仰天大笑出门去,前路光明向我来。

在黄埔军校时,他经常阅读邓演达订阅第三国际和德国共产党的刊物《红旗》(Rote Fahne)等,深受影响,把实现共产主义作为实现世界大同的理想去憧憬,并对孙中山先生倡导的国共两党合作衷心拥护。这时,他与邓演达的关系更为密切,二人的政见完全一致。当时任黄埔陆军军官学校校长的蒋介石也深知这一点,从而把廖尚果当作邓演达的"死党",从此对他存有戒心。他有一次经过校长室看到蒋介石,于是立正并行军礼。蒋抬起头来看见是廖尚果,只望了一眼,竟不予理睬。他当即十分气愤地再度向蒋敬礼,并且口中大声喝道,"廖尚果向你敬礼",迫使蒋不得不也向他还敬军礼。这件事,他终生不忘地曾多次向我母亲和我叙说过,一直为此愤愤不平。他这次对于蒋介石对他的歧视和无礼毫不退让的顽强表现,更加深了蒋对他的恶感;这在蒋杀害了邓演达以后将更变本加厉,因为蒋深知这个廖尚果是块硬骨头,不可能成为他驯服的走卒,而只可能成为他的政敌,此是后话。

1926年7月,蒋介石任国民军革命军总司令,邓演达任政治部主任,廖尚果在总政治部任秘书,并曾受邓委派,于1926年9月赴日本考察,为时约两三个月。

1924年孙中山为了改革司法制度曾在广州创办广东法官学校,结果为右派势力篡夺领导权。1926年秋,法官学校学生们进行"择师运动",即学生们可以公然表达自己的意见,对教师进行选择或罢免。不仅如此,学生们还赶走了校长,设立了委员会领导整个学校。于是,司法部长徐谦委任廖尚果担任法官学校校务委员会副主席,另一人为主席仅系挂名,实际上负责并领导整个学校的是副主席,所以,后来每当他提起来这段经历时,总会简称之为当"法官学校校长"。1925年,廖仲凯(1877—1925)被国民党右派暗杀的事件,不仅更明显地暴露了右派的丑恶嘴脸,也激起了广大人民群众的愤怒和觉悟,从而实际上反而促进了左派的势力。这时广州的学校里革命气氛普遍浓烈。这时的法官学校很少正规上课,而不断进行各种政治活动,遇事就举行群众集会,如纪念1923年"二·七"大罢工,广州所有的学校举行大集会,接下去是"三·八"妇女节、三月十二日孙中山先生逝世纪念日、三月十八日巴黎公社纪念日、"五·一"劳动节、六月二十三日沙基惨案纪念日等等。一年到头,政治活动频繁,廖尚果总是亲自率领全校师生参加各项活动和集会,一路上带头领着大家高喊"打倒帝国主义"等革命口号。遇到下雨,他眼见学生们淋雨,就把自己身上穿着的雨衣也脱下来不穿,与学生们共同淋着雨行进。"三·八"妇女节,法官学校要发表宣言,他审稿时对所拟的稿子不满意,就自己动手重新撰写,然后印出散发。在集会时,他的公开讲演总是慷慨激昂,充满感染力和煽动力;游行和集会后进行总结,他也不辞劳苦、不厌其烦坚持去做。他无所忌讳地公开鼓吹第三国际的路线。他有一次作讲演准备,由他口述,由胞弟辅叔笔录,足足进行了一夜,内中直接引录马克思、托洛茨基等人的话,并且还明确地提出:"不打倒帝国主义,不建立苏维埃,决不罢休!"所以,他的许多演说引起了莫大的震惊,许多人都说他的讲话"比共产党还共产党";有人劝他说话谨慎一些,他却公然宣称:"隐瞒自己的政见是可耻的。"所以,汪精卫日后对他加上"著名共党"、国民党对他进行全国通缉、追捕,是不足为奇的,虽然他其实根本不是共产党员。这时,除领导法官学校外,他还兼任主持"法官政治训练班",又任国民革命军特别党部委员,可是1927年初改选时,由于蒋介石的分裂阴谋已经逐步落实,所以他落选了,这时,蒋介石的同乡们浙江人开始夺权。

  法官学校的学生们曾经问过他的胞弟——当时也曾在法官学校当学生的辅叔:"廖委员是'大学'还是'中学'成员?"(意即CP中国共产党员还是CY共青团员)因为当时共产党员和共青团员并不暴露身份,所以辅叔只回答说:"不知道。"曾经参加过共产党而后来脱党的谭平山(1886—1956),曾经公开夸赞过廖尚果是个"好同志"。他这时不仅与邓演达,也与不少著名的共产党人(包括周恩来等)以及苏联顾问有较密切的关系和交往。他去访问苏联顾问时常要辅叔同行,以备万一发生了什么事情好有个人在场。我自幼曾多次听他说过,当时共产党中央的不少内部文件也发给他看,并且在有些文件或书信中直接称他为"廖尚果同志"。这时,他在留德时已曾接触过马克思学说和著作的基础上,又亲身参加了北伐时期这场大革命的激流,从而抱着满腔狂热的激情,对反封建主义、反帝国主义、反军阀、反右派势力有着明确的认识和坚定的立场,并且对祖国的强盛、统一、民主以及世界大同有着衷心的向往。这向往在他当时的心目中,正是建立苏维埃、实现共产主义的同义语。为此,他作为一个一天也没有参加过共产党的国民党左派(其实他也不过仅仅有过参加国民党的历史,而从未从事过国民党党内的活动),胆敢那样在国共两党剧烈斗争的舞台上公然表明自己的政治理想和倾向。明知当时的政局动荡不已,国民党内左右两派以及国共两党之间的斗争和较量激烈而残酷,但是,他凭借着少年时期已造就了的满腔热情和正义感,无私无惧地扮演了那样一个奇特的角色:没有人"编剧",也不需别人"导演",不用任何人指示、布置或委派,只凭借着自己个人的狂热和憧憬,就既不思前、也不顾后地行动,从不考虑个人的得失、安危,听凭自己的热情指使和理想追求去干一切。这种热情和理想曾经驱使他置个人生死于度外地去攻打过潮州府,曾经驱使过他忘却了自己正寄人篱下、作为异乡客的身份,擅自致书德皇威廉二世抗议,也曾经驱使过他在国民革命军的总治部举行的新年晚会上领导大家高唱《国际歌》,不仅吹奏长笛伴奏,兴起时更挥舞长笛充当指挥棒……这时,他压根儿忘却了他在柏林向华丽丝求婚时,曾经答应过华丽丝提出的结婚要求,即回国后别再从事政治活动。

经过约四年的分离,1926年7月,华丽丝和廖玉玑在廖尚果的留德同学——国民党军官李明杨慷慨资助下来到了广州,与廖尚果久别重逢地居住在一起。当时惠州籍人士中出了两个大人物,一个是廖仲凯,一个是邓演达。他们二人都是秉公办事的,并没有遵循旧社会官场照顾同乡人的恶习,而引起许多同乡人不满。不少惠州人指责邓演达,说他"只认识廖尚果一个人"。当廖在广州任职期间,也被同乡们视作了不起的人物,从而惠州亲戚们络绎不绝地前来广州找他谋求职业,甚至吃住也在他家中,直到找到差事才离去。作为一个外国人,华丽丝是难以理解旧中国的国情的。她对于不时有亲戚、同乡人来家吃住大感不解,对他们一心想通过廖尚果谋求职业更表示奇怪,说:"怎么他们不去找职业介绍所?"尽管如此,她仍然没有拒绝丈夫的亲戚们在她家吃住,这已经很不容易了。

1927年4月12日,蒋介石发起了"清党"活动。广州也于15日大开杀戒,一夜之间,曾并肩作战过的共产党人被挨家逐户地一一逮捕并屠杀,即使萧楚女(1897—1927)卧病在医院也不能幸免,被无情地拖走加以屠杀,致使该医院的德国医生也对这种惨无人道的做法和横蛮、残暴极度反感而提出抗议。据一个曾经在陈炯明部队中当过军官的国民党人何日圊说,他曾亲眼看见逮捕名单中有廖尚果的名字,可是事实上却并没有去抓他。事后才得知,原来这是由于当时在广州负责逮人的李济深(1886—1959)"包庇"了他。李济深与廖尚果不仅是陆军小学的同学和黄埔陆军军官学校的同事,而且一直有着一定的友谊。为此,廖尚果对于李济深"刀下留人"一直深为感激,四十年代初曾作过一首长诗,作为向李祝寿电报的全部内容拍发给李。由于当时我只约十岁,如今只记得该诗的第一句是"**感激当年不杀之恩**",后面还引用了古话"**活死人、生白骨**",以表示对他救命之恩的感激。当广州"清党"和抓人、杀人的消息传到惠州时,许多惠州人都争相传告地说:"廖尚果被抓,他跳进了珠江,被追捕的人开枪射杀。"害得他的祖母闻言大哭一场。其实,这个"比共产党还共产党"的风云人物廖尚果却死里逃生地去了澳门。幸亏当时广州附近有帝国主义者强占的一两块祖国领土作为租界,能够容让革命者避难、栖身。他随即与国民党的总政治部取得了联系。可是好景不长，武汉的汪精卫也走上了反共的道路。于是，他就只好在澳门呆下去。

在澳门时，他触景生情、义愤填膺地写下了一些无题诗。这类无题诗是中国文学史传统的、借美人香草来表述政治思想的手段，正如李商隐所说的"楚雨巫云皆有托"。日后当他"亡命乐坛"时，曾将这三首"无题"诗收入他的诗集《诗琴响了》（1931），并在诗中公然宣称"道是无题却有题"。这真得感谢国民党当时负责编审的官员们的无知：他们不懂得借这些"无题诗"来大兴文字狱。

无 题
1927 年

久别刚逢又别离，问君何以慰离思？
江头听雨飞红冷，枕畔怀人入梦迟。
薄幸青楼伊爱我，飘零红粉我怜伊。
可能为我长相忆，若问归期定有期。

明眼人一看就知道，这第一首无题诗完全是他当时的境况和心情的写照。他作为一个"有功民国"派往德国学军事、准备学成归国继续投身革命、报效祖国的青年人，在异国呆了近十一年，好不容易返回到祖国。他经过一个沦落、赋闲的阶段后，随着革命形势的好转和革命高潮的到来，得以在国共合作、并肩作战的岁月里以满腔热情和全部精力投身于革命工作，无私无惧、有作为、有理想，可是一夜之间同室操戈、血流成河，逼得他只好只身逃往澳门。这种"**久别刚逢又别离**"的伤心，哪里能用语言来表达清楚！幸亏中国自古以来有"无题"诗这种传统的诗歌体裁足以用来"**慰情思**"。与他并肩作战过的许多共产党人如今都被抓的抓、杀的杀。无情的狂风暴雨摧残了无数的党人,如今他独自一人藏身在澳门,只能"江头听雨",眼看被惨杀的共产党人就像一阵阵的落花("**飞红冷**"),为此,他辗转反侧、难以成眠地怀念着那些无辜被残杀的友人们、同志们("**枕畔怀人人梦迟**")。他后来曾经向我母亲和我多次说过,当时他的许多同事和部下都是共产党员或共青团员,大多数都非常年轻,可是大多数都满腔热情地在干革命。哪里想得到突然之间把他们抓了起来!大屠杀那天,他在广州曾亲眼看到四处逮人和杀人。有许多人被就地枪杀,在街边、在小广场上集体被屠杀,惨不忍睹,那情景使他终生难忘!尽管他自己并不是共产党员,但他对于那许多正义、无辜的共产党人如此惨遭屠杀十分同情并极度愤慨,所以这首诗里写道,"**薄幸青楼伊爱我,飘零红粉我怜伊**",对当时那些共产党人流露出无限的怜爱。可是,他一方面为这难以忘怀的悲剧在痛苦,而同时仍怀着坚定的信念和期望:革命的低潮过后必然会再有革命高潮的到来,自己也一定能重返战场("**可能为我长相忆,若问归期定有期**")。

第二首无题诗也围绕着这同一个思想主题展开:

> 君向西时我向东,玉楼惊梦五更钟。
> 钗横枕畔欢犹浅,柳映楼头绿未浓。
> 底事干卿春水绿,有灵识我燕梁空。
> 朱门他日桃花发,寸寸春泥记落红。

他这时只身逃到澳门,和大家各奔东西("**君向西时我向东**");他这时只能为中国革命刚才开了个头就这样遭到了惨重的挫折而伤悲("**欢犹浅**"、"**绿未浓**")。虽然自己并非共产党人,本来屠杀共产党人说来似乎与他无关("**底事干卿春水绿**"),可是,他作为一个有人性的人,一个有正义感的中国人,一个革命者,却不能不为以蒋介石为首的国民党右派势力如此惨无人道地屠杀中国共产党人瞠目、发指,何况他的所思所想和所作所为实际上却"比共产党还共产党"。作为一个激进的左派人物,他不可能不受到同样的打击和迫害。无数革命者如今已成为蒋介石"清党"的冤鬼,而他还得以侥幸地继续活着做人,所以他一定要牢牢记住这一场摧残百花的无情风暴,永远怀念那些被残杀了的革命志士("**落红**"),直到革命成功之日("**朱门他日桃花,寸寸春泥记落红**")。自我懂事以后,他就曾多次为我明确地讲解了这最后两句诗的真实含义,所以这也成为了我此后一直牢记不忘的他的诗作警句。

第三首无题诗一开始即明确无误地直言不讳,"**道是无题却有题**",点明了这三首无题诗完全是"有题"的、针对国民党大屠杀而作的。他在诗中通过比喻供认了自己坚决与背信弃义、同室操戈、惨无人道的国民党反动派划清界限,而决心和正义的、革命的力量站在一起。最后,他又发挥了他的老庄哲学思想,引用了庄子《南华经》(即《庄子》)中的齐物论观点,认为"**天地与我并生,万物与我为一**"地达到"**齐物我**"之后,"**相思**"定能得到实现,也即是对革命理想终久定会实现的信心。

> 道是无题却有题,桂堂东畔画楼西。
> 赐来面药随恩泽,拜倒榴裙任笑啼。
> 有愿甘为夫子妾,可怜曾是玉工妻。
> 相思未必了无益,恰到南华物可齐。

作为无题诗理所当然地要尽量运用隐喻的手法来表达不可明言的一切,所以这三首诗中多次应用了"红"字或象征红色的东西(如第三首中的"榴裙"以隐喻革命思想和力量)。当时的国民党反动派色厉内荏,对于以红色为象征的革命力量谈虎色变地十分敏感,所以廖尚果尽管化名为青主在《诗琴响了》诗集中发表这三首无题诗,大胆之余少不得要小心谨慎。其实第一首中的第五、六两句,发表的已并非原作,原作是:

> 月暗朱楼频怅望,
> 城高白帝欲何之?

这两句更明显地用了"朱楼"来隐喻红色的革命力量,以及"白帝"来指责国民党反动派是"白色的帝国主义",以此表达他自己当革命处于低潮和逆境时("**月暗朱楼**"),当自己只身远离革命基地时,仍对革命念念不忘("**频怅望**")。面对趾高气扬、不可一世的白色帝国主义,自己只能来到澳门独自彷徨("**城高白帝欲何之?**")。为了顾忌这样明显地应用"朱楼"和"白帝"来表达可能会过分暴露,从而才改为"**薄幸青楼伊爱我,飘零红粉我怜伊**。"尽管这两句中仍有"红"字出现,但是,从字面上来看却已披上了男欢女爱的爱情伪装,以期使用这样高明的障眼术而不让人抓住把柄。由此可见,他当时这样的想法和做法真可谓煞费苦心,也可以看出他作为一个革命者和作为一位诗人的崇高精神和高度艺术。想不到李白的诗句"朝辞白帝彩云间"竟可能在特定的历史、政治条件下,被人如此作为象征的名词隐喻("白帝")!第二首的结尾两句"**朱门他日桃花发,寸寸春泥记落红**",则系套用龚自珍的名句"**落红不是无情物,化作春泥更护花**",却赋予了新的含意,以表达将来革命胜利了,不要忘记这些被牺牲的烈士。1944年当我家居住在广西八步时,青主曾教我写诗。他不仅教我领会李商隐那两句名诗的深刻含义,还明确地告诉我他当年是怎样套用这两句诗意写下这首无题诗的结尾两句。他还曾为我改作诗句,"**省识落红仍化土,不经沦落是庸才**",用的也是这类似的思想。他的这三首无题诗,不仅生动地记录了他个人的情怀和经历，也极其深刻地为当时的中国政局、社会和历史写照，真称得上是中国近代诗歌史上出类拔萃的杰作。

他在家中，尤其在酒后，曾多次向我母亲和我叙说他当年的这些经历，以及如何亲眼目睹与他一起共事的许多共产党人惨遭杀害，这时，他经常热泪横流。长年以来每逢4月12日（"清党"日），他总要在家中痛饮，借酒来纪念当日的烈士并抒发自己的情怀。

1927年8月1日，共产党人领导共党影响下的北伐军三万余人在南昌举行了武装起义。接着，叶挺（1896—1946）率领的部队想杀回广东，可是到了潮州、汕头一带被阻，未能继续前进。这时，张发奎率领的第二方面军，包括黄琪翔的第四军，仍摇摆不定。汪精卫则已与蒋介石勾结，公然背叛了革命，却又斗不过蒋，从而想联合张发奎另搞一套，张也想回广东与蒋介石斗。当时盘据在广州的李济深陷入矛盾之中，让不让张发奎的军队回广州？最后才决定欢迎张回来，汪精卫也来到了广州。于是，这时的政局发生了深刻的变化，国民党右派的势力在广州不再能为所欲为了。于是，廖尚果在澳门避难的日子就此结束，他翘首以待的"归期"果真来到了，而且来得还这样的快！

由于第四军军长黄琪翔与邓演达有密切关系，所以黄对廖尚果早已有相当的认识，他久闻邓演达和廖尚果二人做政治工作非常出色，有意任廖当第四军的政治部主任，开始时，张发奎对此并不同意，表示不如等上面（即汪精卫、陈公博）委派。李济深去南京参加蒋介石召开的会议时，张发奎借此发动政变反对蒋介石和李济深。这时，张发奎和黄琪翔想物色一个革命派，但又并非共产党人来担任第四军政治部主任最为合适。于是，张发奎就同意了黄琪翔的建议委任廖尚果。这时第四军的参谋长是共产党人叶剑英。廖尚果与他共事，特别投机，从此二人结下了深厚的友谊。在第四军政治部工作的还有不少共产党人,都与他有着共同的志向。

1927年12月10日夜,叶挺、叶剑英等共产党人在广州发动了广州起义,以叶剑英率领的四军教导团为主力很快取得了胜利,成立了广州公社。可是没有几天,国民党的军队就从各方面杀了回来,汪精卫、陈公博借广州起义事件乘机排挤黄琪翔,罪证就是任用"著名共党廖尚果",并且通电全国,在报纸上公开通缉捉拿廖尚果。据我记忆,父亲曾在他五十岁的《自寿诗》中记述过当时逮捕他的人如何从前门冲进来,而他却侥幸地从后门溜走。这一次他处境比"清党"时更为危险,因为"清党"时有李济深的"包庇",把他的名字从逮捕人的黑名单上勾销,而这次他被通缉的名字却已以很大的黑体字刊印在全国的报纸上,所以他逃脱后连家人也不知道他的下落。当时满街满巷贴的标语是"杀绝共产党"、"枪毙CY"(共青团)。于是,胞弟辅叔决心去香港寻找大哥的下落。他抵香港后碰到了好几位原在第四军政治部的工作人员,他们都不知道廖主任的下落。依照行踪的习惯,他也许会走熟路澳门。为此,辅叔搭上了去澳门的轮船,在澳门找到一个孔教会的英文教师,没有结果,于是再折回香港,打算去九龙新界大埔找一个亲戚。由于离开往大埔的区间车的开车时间还早,于是抽空去找一个"清党"时已来到香港的共青团员。人找不到,却在他家中看到报纸上的一条新闻:廖尚果在薛岳司令部被拘禁,黄琪翔保不出来……这一下可不得了,被抓到薛岳司令部里去了,那还有命吗?当时广州起义被扑灭后,由陈公博和薛岳在广州组成委员会掌权,倘若落到了他们手中是不会有好下场的。可是廖辅叔对这条消息仍半信半疑,因为当时以讹传讹的新闻报导是屡见不鲜的。"清党"时,不是也曾传说过廖尚果被追捕时投身珠江被射死了吗,而实际上并没有这么回事。于是,他并不放弃继续在港、澳追寻大哥踪迹的可能。他想起了大哥在澳门还认识一个在赌场工作的朋友，上次没有去找过他，这次即使是赌场也非去不可了。于是，他再次前往澳门，但找到赌场却找不到该人，一直等到在赌场吃了不花钱的宵夜后才总算等到了那位先生回来。他说："刚从香港廖尚果那里回来。"原来大哥果真去了香港，并未被薛岳扣留。他十分机警地叫廖辅叔把手里的那本书交给他。他翻开书，在一页夹缝中间写下了九龙深水涉的地址，这样终于找到了大哥，次日清晨折返香港后，按照那个地址果真在原先国民党在武汉时总政治部一个工作人员的住处见到了大哥。总政治部主任邓演达离职后，这位工作人员也不安于位，来到了香港。当时香港出租房屋一般是一层一层的出租，空荡荡的一层所谓统楼由房客根据自己的需要用木板分隔成卧房和厅堂。总政治部的这位工作人员来到香港并不作久住打算，所以根本不为分隔房间花费，有人来住时就用一道屏风隔开一个铺位，支开一张行军床供人凑合着睡。我三叔进去看到大哥时，他正坐在行军床上。前不久郭沫若来香港也曾在这张行军床上睡过。死里逃生的哥哥和到处寻找他的弟弟，总算喜出望外地重逢了。

这次通缉和追捕廖尚果与大半年前"清党"那次不同。这次正式在报刊上作为重要新闻和告示刊出要捉拿"著名共党廖尚果"，而且共产党领导的广州起义没有几天即被镇压，白色恐怖更为浓重。所以，这次眼看断绝了重返广州的可能性，不得不从长计议，另作打算。于是，他决定设法让华丽丝带着女儿玉玑离开广州前来澳门，然后由我三叔再去澳门接她们来香港。据华丽丝说，国民党派人来家搜捕廖尚果时捉不到人，还全屋搜查了一遍，为的是寻找违禁物品作为罪证。可笑的是他们拉开抽屉，看见西餐的刀叉，便拿起餐刀在华丽丝的脸前晃动，说这就是杀人的凶器。华丽丝不会说中国话，便把刀子接过来做一些切菜的动作，随后向嘴里送。他们还算讲理，没有继续追究。华丽丝母女到了香港也不敢同廖尚果同住。不巧的是，她们第一次住在一个人家，竟是陈公博的一个喽罗，对她们动不动就粗声恶气，实在难以和平共处，于是不得不搬家。廖尚果则在另一处与原政治部工作人员同住。他只敢有时晚上来与华丽丝见面，天亮即离去。为了谋生，我三叔去香港青年会代华丽丝张贴招收私人钢琴和小提琴学生的广告。当时的香港哪像后来学琴成风，从而无人问津。眼看香港也非久留之地，茫茫四海欲何之，在辽阔的祖国大地上有哪一块土地可以容纳得下廖尚果呢？说也奇怪，他带着德国妻子和女儿，倒从没有过重返德国的想法。这时上海有英国和法国的租界，掌权的国民党捉拿革命党人在租界总不及在其他地区那样方便。于是，1928年4月，廖尚果在香港找了他少年时期在陆军小学堂的恩师之一熊略，后者慷慨地为他和他的堂弟抗风买了两张从香港到上海的船票，等到在上海找到了住处后，再由我三叔于1928年5月陪同华丽丝母女前去上海。

当时白色恐怖尽管浓重，却吓不倒传统的中国知识分子们讲义气的习性。在上海的留德同学们看到报上通缉廖尚果时曾商量营救：他们想起了当年也是留德同学的朱家骅，这时朱担任国民党广东省民政厅长，所以希望他能设法，可是，朱表示这事他也帮不上忙。廖尚果抵上海后去找留德同学萧友梅，这时他是新建立的国立音乐院的教务主任，萧先生一见到他的头一句话就是："你是人还是鬼呀?!"因为当时有些报刊曾报导过廖尚果被逮、甚至被杀了。正是通过萧友梅先生热情的帮助，廖尚果旋即开始了他二十年代末至三十年代中这一段"亡命乐坛"的生涯。萧友梅先生不但聘任他担任"音专"（1929年秋季开学后，由音乐院改名为音乐专科学校）刊物《乐艺》的主编，还把他写的《乐话》等音乐论著作为音专丛书在商务印书馆出版，更介绍华丽丝去音专教授纲琴，就此不仅解决了他们一家的生计，也造就了一个化名为青主的音乐理论家和和作曲家进入中国近代音乐的历史。尽管这在他的一生中,这只能算是一段短暂的插曲,但正多亏了这段插曲,使他创作了 32 首歌曲和许多音乐文章、书籍留传于世,而他在其他方面,如军界、政界、法学等领域的作为,又留下了多少业绩呢?后来,每当提到他在音乐界的这一段经历时,他总含着苦笑地说:"那只不过是我在被通缉期间为了混饭吃所干的事!"

(六) 亡命乐坛,著书立说

(1928—1931)

随着岁月的流逝、世代的交替以及个人人身的消亡,自幼曾胸怀大志、为报效祖国而投身军事、政治、法律的廖尚果,最后竟会仅以音乐家留名,这是不是一次历史的误会或嘲讽?是,也不是。是,是由于他何曾想过以音乐为专业,以谱写不朽的乐章和撰写传世的音乐论文为己任;不是,是由于他确实在中国近代音乐史上做出了开创性的贡献,无愧于以音乐家的身份在祖国文化史上留下自己的名字。他的历史事实不也正再好不过地证实:唯有不朽的音乐和诗篇方才足以通过无情的时间考验而留芳于人世,而那些有关政治、军事、法律的作为却早已随风飘逝。

刚抵上海的那一段时间内,廖尚果的处境是可以想象的:身无分文而又不敢抛头露面,哪怕隐姓埋名也时刻担心着被逮捕。所以,只好由弟弟辅叔像个"小叫花子"似的每月挨家挨户去那批留德同学们家中,领取他们答应下每月每人给廖尚果五十元的慷慨资助。患难见真情!这些留德同学竟敢于冒天下之大不韪,秘密的向一个通缉犯、政治犯和"著名共党"伸出温暖之手,是他以及他的后代人永世不忘的,可惜他们的名字如今已随着青主本人的消失而被遗忘。这也正是我们中华儿女见义勇为的优良民族传统和为人品格的表征。这里,还应当特别提到的是上海企业家篑廷芳先生,他更较长期地每月资助更多的钱给廖尚果,后者在德国期间曾担任过访德时的翻译和陪同,从而结下深交。不仅如此,他还介绍华丽丝去教一个大老板的两个子女弹钢琴,每月学费高达一百元。这样,廖尚果一家人的糊口问题基本上解决了。最初,他们全家与拜把子兄弟李煦寰合住在一幢洋房内,李当时娶有法国妻子。后来,廖尚果与华丽丝另租了房屋,在法租界格罗希路(今延庆路)六号居住。华丽丝母女就此一直在那里居住,直到四十年代末离开中国,移民去阿根廷。廖玉玑于1949年与她的丈夫、捷克籍犹太柯瓦奇(Kovasc)先去,1951年初,华丽丝后去。

附图2 二三十年代,青主(左第一人)与胞弟辅叔、德籍妻子华丽丝和女儿廖玉玑摄于上海格罗西路六号小花园中。

被通缉的廖尚果在上海当然不可能出去工作，只在家中靠写作谋生。大热天，他甚至坐泡在浴缸中，伏在胸前横放在浴缸上的一块木板上奋笔写作。为了避免被逮捕，他隐姓埋名地改用笔名青主发表文章和著作，采用青主这两个字，一方面是由于他在德国留学并当学生会长时，办事、说话总以一清二楚而备受人称赞，所以取青主二字谐"清楚"之音；另方面也和他崇尚明清之际的思想家傅山（1607—1684）有关：傅山字青主，不仅政见上憎恨清政权，甚至被官方命人抬到北京，也以死相拒，不应清朝的博学鸿词考试；授他中书舍人，也托老病辞归，誓不与清朝当政者合作，而且他在学术上也反对"钻故纸"的"蠹鱼"，指摘道学家为"奴儒"。这些观点和性格都与廖尚果如出一辙，从而取他的名字青主为笔名。由此可见：廖由于政治上被通缉，乃改在文坛、乐坛笔耕的岁月中取这样一个笔名，是寓有深意的。后来他的著作在商务印书馆出版时，编辑认为仅青主二字，没有一个姓不好，于是，根据他主编《乐艺》时曾署名黎青，就给他加上了一个黎字作为姓氏；这就是有时会出现黎青主或黎青的名字的由来。

当时的上海是全国文化和出版事业的中心，文艺生活十分活跃，书店林立。于是青主就产生了自己开一间书店的念头，以利于发表自己和华丽丝的作品。他的朋友李明扬先生对出版事业有兴趣，慷慨地交给青主三千元来实现这一计划。三千大洋在当时是相当大数目的一笔钱。有了本钱，青主命名的"X书店"就这样成立了，门市部设在北四川路老巴子路附近，由堂弟抗风任经理，胞弟辅叔任会计、出纳，兼校对、抄写与售货员。青主本人当然不能出面，何况他完全不懂得经营。他完全不考虑市场的供需关系和出版物的销路，只纯从艺术的高质量出发选题，如出版单篇的艺术歌曲乐谱尽是些舒伯特、舒曼等古典与浪漫的名作，除原文外还附有青主精心译配的中文唱词。当时唱这些艺术歌曲的人凤毛麟角，能欣赏的也屈指可数，所以印约千份，怎样可能大量售出?! 此外还印有单页的画片，也尽是些古典与浪漫的名画，甚至还包括现代派画师毕卡索和夏加尔（Marc Chagall, 1887—1985）的作品。在二三十年代的中国，肯花钱去购买这些产品的人寥若晨星。华丽丝创作的歌曲尽管唱词是中国古诗词，但也很少有人问津，难怪有一位读者来信说：这些东西在目前的中国没有市场；华丽丝的西方之花，在东方的土壤中是开不出来的（大意）。可笑的是，当时竟有一个新加坡的书店老板来与X书店签订合同，说：可作为X书店的代销处，每次订五百份。这下可让青主等人快活得不可开交。哪里晓得原来是那个新加坡人误以为X书店出版的，和他从上海批发去畅销的歌谱《毛毛雨》、《伏尔加船夫曲》等相仿，可以赚大钱，而结果适得其反的根本卖不出去，从而与X书店解除合约，弄得青主等人懊丧不已。此外，青主还在X书店翻译了海涅的诗集《抒情插曲》出版。他的译文既保存了海涅原诗的精髓，又以流畅的笔调融合着中国古诗的韵味，但又不是以中国古诗的形式来改译，而是用流畅的白话、口语，并加以必要的注释，真不愧是一部出色的译作，可惜在我国诗歌园地流传不广。此外还出版了青主翻译的一本《笑的短篇小说集》。唯有青主作曲的《大江东去》出版后，在音乐界引起了巨大的反响，从此被广泛传唱，一直成为中国歌唱家的保留曲目，作为中国近代艺术歌曲最早的代表作之一。青主还撰写了一本小册子出版，名为《女性美的研究》，并附有不少照片，对妇女身体的各个部分造型审美进行剖析。这本书引起了有些人的误解，以为是与张竞生类似的对女性研究的庸俗化，报纸还拒绝刊登广告；张竞生曾作《性史》，本意是提倡反封建的性解放，却惹起别有用心的人一窝蜂的购买，作为色情书刊去观看。

X书店的出版物大量积压卖不出去造成资金亏空，并且还受到一次意外的打击。X书店乐谱封面是请春野书店的画家徐迅雷绘制的。请他画得多了,他就变成了 X 书店的常客。他是共产党员,还与 X 书店的工作人员谈论政治问题;大家对他非常信任。有一天,他送来一套新出版的《世界周刊》,放在 X 书店代售,其内容的政治色彩相当鲜明,买的人络绎不绝,X 书店原来门市部冷落的场面大为改观。然而好景不长,蒋介石突然挑起"中山舰"事件。《世界周刊》揭了蒋介石的老底,因而引起国民党反动派的注意,派人前来 X 书店抓人,徐迅雷恰巧在场。他怕在 X 书店门市部售书的廖辅叔没有经验,就自愿陪同一起被捕。他俩在狱中被关在一起,串通了口供:就说廖辅叔是会计,徐是店员,都没有文化,所以书店送来的杂志只系代售,根本不知道杂志里写了些什么。国民党的大老爷也真好对付,说:姑念无知初犯,准予罚款释放。这也算是大事化小、小事化了了。但是,X 书店遭此打击,元气大伤,终因周转不灵只好关门大吉。徐凡雷仍继续从事革命活动,听说不久再次被捕,不幸病死于狱中。

在 X 书店开张时青主已撰写有《乐话》一书,准备在 X 书店出版,结果 X 书店倒闭,就由萧友梅先生把它介绍给商务书馆去出版。1930 年 9 月,这本书得以由商务印书馆出版远比在 X 书馆发行的影响大多了。商务印书馆是当时中国全国闻名、首屈一指的大出版社,而且由萧先生把它编为上海"国立音乐专科学校丛书"去出版,就更起到了它作为中国近代最早的一本音乐美学论著的重大作用。萧先生亲自为之作序,并指出"**此作不只为音乐界开一条新路,简直是为一般初学音乐的指导了**"。这一评价不止于作序者个人的称誉,也道出了这本书在中国近代几近荒芜的音乐美学园地上确实起到的开拓和启蒙作用。这本非常自由、即兴性地谈论音乐的书,以作者与其亡妻阿述谈话的形式写成。在它作为悼念亡妻字里行间充满泪痕的同时,它开宗明义地集中地阐述了一个可作为全书主旨的音乐思想观点,即"**音乐是上界的语言**"。半个多世纪以来,这个观点一直成为众多的中国音乐评论家们不断批判的众矢之的,可是,这说起来也许是一种误会。毕生没有宗教信仰、从不信上帝并自幼立志**"不把天堂世外求"**的青主,在书中曾明明白白地写下**"我的神就是乐艺"**(商务印书馆,1930年9月,30页)。由此可见他心目中的"上界"绝非神界,更没有半点宗教的含义,正如杜甫名句**"此曲只应天上有"**那样,何曾有半点宗教色彩或"虚无缥缈"之嫌?这"天上"只是最崇高境界的代名词而已,正如青主所用的"上界"二字。青主在书中曾借用歌德的话,说明**"文学不过是拿来替代说话的一种无可奈何的补救方法"**。诚然,用"上界"这二字也不过是描绘音乐、界定音乐的一种**"无可奈何的补救方法"**而已,可是却想不到就此引得许多人望文生义,成为"批判唯心主义音乐观"的众矢之的。50年代初,当我已成为上海音乐学院的学生时,曾告诉家父:他的这句话("音乐是上界的语言")已成为重点批判的对象,他深感诧异的表示:第一,这样的说法并非他首创;第二,这与"唯心主义"的音乐观似乎有点风马牛不相及。事实上他在书中早已相当明确地表明过:上界实际上指的是**"他在世界里面另外创造出一个世界来,这个新的世界是属于他的,是服从他的指挥的……这个新的世界,即是我们之所谓上界,那些用来替代千变万化的自然界的景象,由人们创造出来的固定的思想的形象,即是我们之所谓艺术,……这种声音艺术是从那个被我们叫做上界的,由人们创造出来的新的世界里面产生出来,故此我们把他叫做上界的语言"**。(11—12页)由此可见:青主应用"音乐是上界的语言"无非是藉以说明音乐是一种表达人们崇高的、"内界"的艺术,正如他在书中引用德国威尔茨堡(Würzburg)皇家音乐学校音乐教师力特尔(Hermann Ritter, 1849—1926)的那段话一样的意思:**"音乐是人们自己创造出来的一种新的语言,若就人们的内界最深处来说,他是比较其他一切用来形容精神生活和灵魂生活的说话,高深精细得多。"**(42

页）；也正是这位音乐教师力特尔还说过："**上界和上界的生活，本来就自是人们的内界**"（47页）。青主再次引用他这句话也表明了他的所谓"上界"到底是指什么，根本与宗教含义的"上界"是两回事，可是许多读书不求甚解的人，尤其是那些爱抓把柄去进行"革命"性批判的人，是不会寻根问底、实事求是地去治学的。

早在二三十年代之交，青主已经觉察到"**近代的人们，在机械的重重压迫之下，早既丧失了他们的灵魂，不论世界上哪一处地方，凡机械的威力所及之出，都既经把本来的人类变成一种机械了**"（同书44页），他还认识到："**……现代一般人的灵魂，固然是被外界的恶势力侵害净尽了，但是，他的灵根还是在他的内界深处……要打动人们的灵根，只有音乐才可以负得起这种任务，我们要把音乐当作是灵魂的语言，就是音乐这个道理**"（45页）。这就不仅涉及到音乐的本质和美学，也更触及到了音乐的教育和德育的根本问题和基本观点。这早在大半个世纪前已被这样提出，显然具有先知先觉的意义，因为随着近现代社会和文明的发展，尤其是科学技术的发展，直到20世纪末，机械的弊端仍有增无减，人类灵魂的损伤更变本加厉。所以，由此出发来理解音乐作为"**上界的语言**"或"**灵魂的语言**"，大约较符合于青主的本意，而不仅具有历史价值，而且更具有现实意义。经过了如此漫长的时间，至今充斥着、甚至主宰着整个人类社会空间的，仍然是靡靡之音、疯狂之音，所以针对音乐的不断庸俗化、商业化和物质化，怎么强调音乐应当作为"**上界的语言**"或"**灵魂的语言**"，恐怕都不会嫌其过分的。

《乐话》不仅论述了音乐审美的本质问题，也阐述了音乐构成的元素问题，真知灼见地指明了在节奏、节拍、旋律、和声这四种音乐的基本元素中，首先作为音乐基础的是节奏（《乐话》中用的名词是"声调"），而不是旋律，尽管"**音乐**

的灵魂是旋律"（51页）。这一观点对于二三十年代的中国音乐理论界来说，不能不说是新颖、独特、并具有重大意义的；这一观点恐怕至今尚未被中国乐坛以及一般音乐教学所普遍接受。《乐话》中旁征博引、深入浅出地说明了节拍如何"**节制声调**"（节奏）（62—63页）的原理，并在指出了和声的功能（67页）和天地（65页）之后，匠心独运地最后才来论述旋律，这也是少有的。这绝不意味着对旋律意义的低估，而是对一般只知道旋律（仿佛旋律就是音乐的一切）的那种肤浅、庸俗的观念当头一棒。

《乐话》接着更对乐器（尤其是钢琴）演奏的奥秘和审美进行剖析，并借用德国钢琴家莫懈勒斯（Ignaz Moscheles，1794—1870）的话，指出了"**最要紧的：就是我们的精神要比我们的手指更勤练习**"（78页），借以告诫人们，不要成为"音乐的匠人"，而要把手指、头和心这三者结合起来（81页）。这一告诫对中国直至当今一般实践中的钢琴教学（教与学）不是仍然有效吗？青主本人绝非钢琴家，但是他能在多年未曾练习钢琴弹奏（由于抗战等原因，多年连钢琴也不再见到）的情况下，一旦见到和弹起来时仍能流畅地弹奏，并且具有优美的触键和动人的表情，这就是由于他与钢琴艺术能水乳交融般地溶合在一起：弹起琴来，他的内心就仿佛是在歌唱，忘我地歌唱。尽管并未掌握完善的技巧，手指也并不得心应手，但是，他能全身心地投入音乐，并且似乎忘记了小节线和节拍的存在，而使他手指下奏出的音乐有生动的节奏和自由自在的表情抒发。这一点是难能可贵的，正是他毕生已牢固地建立起来的音乐审美所使然的一种结果。他从不敲击琴键，从不发出刺耳的、生硬的声音；即使奏错了音，也不令听者觉得不自在、不流畅、不优美。他的演奏完全是从内心的表现意欲和内在的听觉出发的，所以能达到如此不拘小节而随心所欲的境地，即使显然是一个非专业的演奏者，也能使听者感受到那仍不失为是艺术，是艺术的表现，是"**从我们的灵魂出发，经过我们的手指，且到达别人的灵魂里面去**"（78页）。所以，不论他演奏的乐器是钢琴、长笛抑或小提琴，都能奏出优美的、感人的音乐，尽管那并不体现有专业的功底和完善的技术。这就是我在家中几十年来听他演奏这些乐器的实际感受。

《乐话》的最后一章集中地论述了贝多芬不朽的第九交响曲，尤其难能可贵的是在1930年这样早的时候，已把席勒的《欢乐颂》全诗翻译了出来，尽管贝多芬其实只应用了其中少数几段诗句作为**歌词**。青主对于这部交响曲有着特殊的感情，或许这也和他在柏林期间曾亲耳聆听过柏林爱乐乐队演奏此曲密切有关，他还为此特地写过一首诗（见《诗琴响了》，64页）。

在书中，青主不仅对第九交响曲有着深邃的理解，更对贝多芬的为人、思想和音乐有着强烈的共鸣。他在《诗琴响了》中的另一首诗《贝多芬》中，表述了自己对贝多芬的由衷崇敬和深刻认识：他不止于把贝多芬当作是一位给人以至高艺术享受的音乐家，更把贝多芬视作一个启迪并鼓舞人去战斗的英雄："**你引着我向罪恶的世界作战，你勉励我把罪恶的人类改善。**"这也许正由于他自青年时代起就曾投身如火如荼的反封建、反专制斗争实践有关，从而他会从这样的角度和高度来理解贝多芬和他的音乐。他四十年代中在上海同济大学任德语教授时，曾在课堂中公然对他的学生说过："不容许我们在社会上进行革命，那就让我们在课堂教学中把德文文法的分析和讲授进行一次革命吧！"同样，30年代初他"亡命乐坛"时也没有忘记自己作为一名战士的职责，从而把贝多芬的音乐当作是战歌——激励人们"**通过斗争，走向胜利**"的战歌去颂扬、去欣赏。在那样早的旧中国已会这样去感受和认识贝多芬音乐这种本质力量的，确实不可多得：

> "你指示我一个努力的方向:
> 把福乐的天堂移建在人世之上。"

海涅对他的思想影响再次地体现在这两句诗中,这正是他在这以前已曾在古体诗《出征》(《诗琴响了》,139页)中所表露过的思想的继续:"**纵横待到功成日,不把天堂世外求。**"这就是他把音乐视作"上界的语言"的精神实质,而贝多芬的音乐,尤其是他的第九交响曲,正是这一精神的最高体现和集中代表。他从不把音乐仅仅当作茶前饭后消遣的玩物,而把音乐当作生活的必需、精神的鼓舞。他在《乐艺》第三期(1930,56页)写有短诗一首,概括地歌颂了《神圣的音乐》:

> "我因你得到艺术的生活和生活的艺术。"

他一辈子哪怕环境再艰难也离不开艺术,包括诗歌、音乐、字画等一切艺术:他几乎没有一天不总要抽空用惠州家乡方言的声调,独自吟诵中国古代的诗词;不论住在什么地方,哪怕是土墙泥地的房间也需悬挂起字画,以供自己(不是别人!)随时观赏;不论喜怒哀乐,他经常会独自歌唱,或在小提琴或长笛上吹奏出他所喜爱的歌曲或乐曲的旋律。这就是他"**一日不可无此君**"的艺术生活,也是他无时无处不身体力行的生活艺术,而这种艺术生活和生活艺术的源泉对他毕生说来,主要就是诗歌和音乐,这二者对他说来,正是"**上界的语言**"。所以,就其实质和主流来说,他首先是、主要是诗人和乐人,而不是什么军事家、政治家或法学家,他毕生的主要成就也应当说正在于诗歌和歌曲创作上。这正由于他的诗歌和歌曲都是他自己有感而发的肺腑之言和心灵之音。他在《诗琴响了》中的最后一首诗《怎样创作诗的艺术?》,公然表明他不会做神仙、鬼的诗,而"**只会做人的**

诗"；不会做大腹贾或工人的诗，而"**我自是我，我只会做我的诗**"！正像古人所说的"**唯乐不可以为伪**"，他把音乐同样也当作是人、是自己内心至真的流露，而同时更把音乐最高的功能视为对人类的改造：

"啊，神圣的音，
我需使出你的法力
把人类改变成尽真、尽善、尽美！"

（《受骗后安慰》，《乐艺》第三期64页）

这就是他的音乐观的核心、他的音乐审美的最高准则，以及他如此崇拜贝多芬的原因，也正是他为什么要宣扬"音乐是上界的语言"的根由。

他在30年代初短短的几年内为当时中国几近空白的乐坛，创作了三十二首歌曲和六七十篇音乐文章，以及《诗琴响了》、《乐话》和《音乐通论》等著作，反映的思想内容和涉及的问题是深刻而多方面的，尽管有些看法或说法因受当时以及他个人的局限而并不正确，可是有许多在今天看来仍不失有现实意义、耐人深思。显然，这些仍有待于今人和后人继续去再发掘、再认识和再探讨。

尤其难能可贵的是：生活在30年代初的中国，他已能洞察德国纳粹音乐观的反动本质，对他们鼓吹"种族至上"和反现代主义的观点提出了异议。他尖锐地指出："**自希特勒当政以来，新的音乐作家要同据说最足以危害德意志文化的犹太人一律看待，新的音乐本身则被德意志一般爱国人士视为音乐的共产主义，凡属德意志人皆得鸣鼓而攻之。于是在德国放逐犹太人，焚烧一切犹太人刊物的淫威之下，新的音乐创作艺人在德国都无立足之地，选入德国之歌剧院和音乐圣堂更断绝了。根据同等的十二个音组成的音响，新的音乐之所以罹此鞠凶，据说就是因为它**

犯了反动音乐的罪名。音乐竟变了反动，反动竟反动到音乐，这虽然是很值得人们的放声嗟叹，但是，只要被人们视为反动的音乐，本身确是健全，它迟早总会有再度出头的一日。"（《反动的音乐》，见《音乐杂志》，1934年第一套第一期36页）。唯古典与浪漫音乐是好的青主，对于勋伯格等现代主义的音乐并不爱好，但是，他对于纳粹之流无端、无知地把这些音乐当作"反动的音乐"来打击，是嗤之以鼻的。他在30年代当然想不到这些音乐在四五十年之后，还会被真正的布尔什维克也视作"反动的音乐"来批判。可是历史早已证明：这些音乐既不是什么洪水猛兽，也不是希特勒之流定为"音乐中的布尔什维克"，而青主也并不是正如他自己在文章中所写的"**惟异端是好的无知小子**"。从这一例即可看出：作为一位音乐评论家，青主尽管有自己的爱好和"口胃"，但并不那样极端狭隘地排斥"异端"，而体现出一位近现代音乐评论家理应具备的大度。

不错，青主对于当时正作为新潮盛行于欧洲的表现主义艺术是有共鸣的，正如他在《乐话》中所供称的：他当时阅读了德国艺术评论家巴尔（Hermann Bahr, 1863—1934）的《表现派的艺术》，曾受其影响。但是，他对表现主义艺术的认识，更重要的是源自他本人一二十年代在欧洲亲眼目睹和亲身经历的感受，而并非纯理论的移置，所以他会在《乐话》中写道："……**表现派的艺人，要怎样从新唤起自己的神明来，和已经剥削了人类的灵魂自然界，作一个殊死战**"（14页），并说："**你能够了解音乐的精髓，那么，你一定是可以了解表现派的艺术。**"（31页）可是，如果因此就把青主的艺术审美和音乐观点归纳入表现主义的范畴去，那又会犯另样的错误。不，表现主义的艺术仅对青主的艺术观起有局部的影响，而绝不是全部。正如他在《乐话》（32页）中所引用的歌德名言所说的："**世界是充满了矛盾，他独不可以矛盾么？**"青主的艺术观中更重要的组成部分是中国古代的老庄哲学。他从小被父亲强迫背诵《战国策》、《左传》等,但自己更倾心的,除诗词外,就是老庄哲学。他不仅在德国期间曾写德文文章阐释老庄哲学,而且自己毕生在为人的行为和思想中也经常体现老庄哲学的神髓。他的思想和为人绝不属于中国古代儒、法二家的范畴,而却深深地打下有老庄的烙印。《乐话》中记述了他从吹长笛(他当时用的是"箫"字)按音孔的原理中,悟到了老子《道德经》中所说的"有之以为利,无之以为用"的真理。他在日常生活中也经常引用老庄哲学的无为精神:"**为人必需有所不为,方才可能有所为,例如不卖国、不卖身(投靠当权者)方才可以成为一个大丈夫、一个真正的人。**"所以,他会在《乐话》中写道:"**当我悟出美是可以用空虚表现出来的时候,我自己忽然提出一个疑问来:美亦可以用丑表现出来么?我见得这也是可以的,美丑不是相生的么?**"(34页)。所以,他会在30年代初撰写音乐论文之余,又写过一篇短篇小说《丑的美》,1931年发表于当时上海的《小说月报》。顾名思义,这篇小说体现了表现主义艺术的神髓,同时也流露着老庄哲学的真谛。它通过描写一位画师如何完成了一位丑姑娘的父亲的使命,要画出一幅他女儿的肖像,要求是既像且美,以取得巨额的酬金。这位画师就通过和他的丑女儿谈恋爱,捉住了那位丑姑娘由于爱情的激动而体现出来的美。这篇小说把握住了丑与美的相对性以及相互转换性,堪称为一篇文学奇作,它不正体现了青主这时对西方的表现主义艺术以及我国古代的老庄哲学,具有同样深刻的领悟和匠心独运的创造力吗?!

在30年代上半叶这短短的几年间,青主还曾在其他方面的著译中取得成就。在这里,首先要感谢萧友梅先生介绍他结识了商务印书馆的何炳松先生。何炳松先生,字伯丞,当时任商务印书馆编译所所长。有一次,青主在家中请他吃饭,饭后曾作诗一首相赠:

赠何伯丞

1931年

偶因酒后见生平，怕向尊前问废兴。
扭转乾坤空有志，拓开世界竟无凭。
香消玫瑰春心老，冰到葡萄热质凝。
多难遭逢何可说，卿需怜我我怜卿。

从这首诗可以看出：青主作为一个正被通缉追捕的政治犯和何先生一见如故，尤其是这次"酒后见真情"，向他吐露了自己的抱负以及过去的经历和今日的不幸。这时的革命者青主仍然怀抱着"**扭转乾坤**"的大志，但已经意识到在政界、军界"**开拓世界**"的无凭、无望和失意，从而"**怕向尊前**"再来与人谈议国家的兴废，但是他内心的炽热是不会为冰镇的葡萄酒所冷却的。显然，他就此与何先生结为患难之交。天幸这时尚能容忍人们在私下、在文坛，有结为志同道合的患难之交并无话不谈的余地。通过何先生，青主得以在商务印书馆这块园地栽植下了一系列的花卉。

除音乐论著外，青主还为商务印书馆翻译了《豪福童话》出版。豪福（Wilhelm Hauff，1802—1827）是德意志诗人，其介于浪漫主义与现实主义之间的精神和风格也体现在他著名的童话作品中。此外，青主还为商务馆"万有文库"撰写了《歌德》一书。为此，何先生还曾约青主撰写多卷本的《德意志文学史》，每月送稿酬二百元，条件是每月交稿四万字。当时在上海音乐专科学校当一个教授的月薪也不过二百元，由此可见这报酬之高。换了别人，完全可以就此安心在上海靠写作度日了。可是青主一生就这样不肯安分守己地度日，而会莫明其妙地又要"跳槽"。所以，当留德同学李景枞在新成立的、中德合办的"欧亚航空公司"中任职（后任总经理），拉青主去任秘书时，他又心动了，从而就此离开了文坛。1931年后,他刚去航空公司任职时,仍不时写些短文发表于《音乐教育》、《音乐杂志》等。但是,原来打算八小时上班之余仍继续根据比戳(Biese)所著的三厚卷《德意志文学史》来为商务印书馆撰写《德意志文学史》的计划,尤其是由于日后升任航空公司营运组主任后,就根本难以实现了。就这样,他白拿了商务印书馆预付四个月的八百元,而不得不派人去通知别再继续按月送钱来了,因为他已无法履约、撰稿。青主为上海音专编辑的《乐艺》刊物,也只出了六期。《乐艺》由于字体较大,装潢也较讲究,并有附图、附谱,所以售价二元,而当时一个学生的伙食费每月仅四五元,这样贵的刊物确实叫人买不起,终因亏本,书店即以"九·一八"为藉口停止继续出版。

除以上著述外,青主这些年间更以作曲家闻名乐坛。他从事作曲,主要也是为当时生活所逼。他作曲也离不开华丽丝对他的影响。他们夫妻二人在音乐方面和一切艺术方面都一向志同道合、趣味相投。从一开始,华丽丝就不仅是他的小提琴老师,在钢琴演奏和作曲技法上也可以说是他的导师。华丽丝一辈子不懂中文,可是,她通过青主的教导早已对中国古诗词和哲学思想深有领悟。在青主的帮助下,她竟能以中国古诗词以及青主自己写的诗词去谱曲,如《易水的送别》(青主词)写得悲壮、深切并富于独创性。青主谱曲的28首歌曲以及四首与华丽丝合作谱写的歌剧《莺莺》选段,也少不了华丽丝的帮助,尤其在钢琴伴奏方面(详细的分析参见我为《青主歌曲全集》中写的注释)。

他们二人的离婚、国民党取消了对他的通缉令(详后),以及他进入航空公司任职,促使青主退出了中国乐坛,为他的笔耕生涯画上了句号。这不论对他个人或对中国乐坛和文坛都是很大的损失。可是,历史的滚滚江河毕竟没有冲刷掉青主这个名字,虽然他留的字迹和音符很有限,但那毕竟没有黯然失色,而仍然在精神文化的宝库中闪光。

（七）天马行空的航空与战争岁月

（1931—1945）

1930年，萧友梅先生向当时任国民党政府大学院院长的蔡元培先生（1868—1940）进言：廖尚果被通缉是当年汪精卫排斥黄琪翔，攻击他任用"著名共党廖尚果为政治部主任"所致，而廖实际上并非共党，理应取消通缉令。蔡先生乃在南京国民党政府的一次会议上提出，结果国民党政府于1930年六七月间以"当时通缉廖尚果系广东政府所提，未经南京政府审批"为由，因此对廖尚果的通缉令"当然无效"，于是，这实际上等于撤销了该通缉令，从而使青主如释重负，但他深知自己在国民党统治下必然永远是一个不协和音。

1930年下半年筹划、1931年正式成立了中、德合办的欧亚航空公司，总公司设在上海，由双清任总经理，留德同学李景枞在其中任要职，于是他举荐刚取消了通缉令的廖尚果去当秘书。进入航空公司工作后，廖尚果的生活也产生了巨大的变化：他尽管仍心有余悸地改名为廖观云进入航空公司工作，以别于往昔在军政界的廖尚果和在乐坛、文坛的青主，但这时毕竟自由了，而且在航空公司任职，拿着丰厚的工资——月薪六百元（当时音乐专科学校的教授月薪仅为二百元），并且得以享受从全国各地航空站免费运来的土特产和烟酒，从而好客的他就过着"座上客常满，蹲中酒不空"的生活，不再需要为笔耕操劳和费心了。

在欧亚航空公司工作后不久,他认识了女职员、他日后的中国妻子王蕴华(1905—1971),即我的母亲。很快的,他对于这位既会吟诗、也曾学过中、西绘画,并曾靠卖画以及在中学教授绘画为生的漂亮姑娘,产生了爱慕之情。据我记忆,父亲曾对母亲说过:在他俩相识之前,他已与华丽丝产生了情感上的摩擦,并曾进行过剧烈的口角,把整个饭桌掀翻过;与王蕴华结识后,更促进了这一对中、德夫妻的离异,终于1932年登报离婚,接着与王蕴华结婚,并于1933年生下他毕生唯一的儿子廖乃雄。

1934年,他往昔的老师黄慕松任广东省主席,这又吸引了一心想干一番事业的他前去工作。他知道在国民党蒋介石当政的情况下不会容他飞黄腾达,所以他想改在工业、经济建设方面做些实事,从而与政治少发生关系。他的挚友邓演达早在1931年已被蒋介石逮捕并杀害,这对他心灵上和政治上的打击和创伤终生难以康复。于是,他从航空公司告假前往他久别了的故乡广东,一心想为广东的建设作些贡献。可是,结果他只在广东省营工业管理处当处长,并无实权,也做不出什么大事。不久省长黄慕松逝世,他就重返上海欧亚航空公司。由此可见:他对在航空公司优越的生活和工作条件也不能感到满足,而先后三次脱离,想另有更大的作为。这就是他一贯的习性:不满足于物质生活,而一再追求精神的憧憬,不惜抛弃自己已获得的优越物质生活;这就是他的愚和憨。

据我日后听母亲叙说:1933年阴历闰五月的后一个五月七日,40岁的他老来得子。妻子分娩时,他紧握着她的手臂,仿佛代她出力分娩似的,脸上的汗水像一串串珍珠滚滚地滴在妻子身上,他对这个宝贝儿子分外疼爱:当婴儿断奶那天,他抱着儿子彻夜不眠地在房中来去徘徊,口中不断哼唱着普契尼歌剧《蝴蝶夫人》第二幕中的催眠曲旋律,从此这一旋律对我终生有着一种特殊的感染力,当我长大后,仍能不时听到父亲哼唱我终生难忘的这一旋律。

附图3 抗战前夕,青主与独子廖乃雄摄于上海家中。

由于航空事业当时在中国刚才起步,国内一些航线均有待开辟,如新辟的上海—兰州、北平—广州、西安—成都—昆明线等。他在航空公司任秘书后不久,就被提升任营运组主任、机械组主任。由于职务关系,当开辟新航线时,机械组主任必须与德国航空驾驶员一起去进行初次飞行的试航。当时国内一切有关地理、气象等资料既不完备,也不准确。有一次在试航途中,据资料记载前方一座山峰的高点为若干千米,这时飞行的高度已远远超过这个高度。那天天气不好,根本看不清楚远方。说时迟,那时快,突然那座山峰的腰部竟出现在飞机的前方。幸亏那位德国飞行员沉着、机智,及时一声不吭地将飞机猛然升高,并来一个急转弯,从而得以使飞机的机翼紧靠山峰只几百公尺地飞了过去,这使得正坐在他旁边的机械组主任出了一身冷汗。据我的母亲说，每当丈夫要去试航时，公司规定要他先写下遗嘱，以备不测。所以，每次都让守候在家中的妻子提心吊胆，唯恐出事。果然，有一次就出事了：1934年，开辟飞往包头的航线试航时，飞机出事，被迫降落在蒙古境内钲羌河附近深山里的草地上。据日后青主回忆说，那架失控的飞机被迫降落着地时就像一只落地的皮球弹跳了几下，以致飞机的轮子和底部全部被破坏，而机内的几个人却万幸地一个没死，但好几处受伤，流淌着鲜血。德国飞行员忙叫青主学他那样，用自己的嘴唇吸伤口的血并吐去，以防止伤口已接触过机身特有的金属而中毒。飞机坠落处人烟稀少。他们几人饥寒交迫地共盖着一张被子过夜，适逢大雨，于是，他毫不犹豫地紧紧的搂抱着那位德国飞行员相互取暖，尽管他们在工作中曾经剧烈地争吵过，这时也全然不顾地变得异常亲切了。好不容易盼到了附近的蒙古居民前来，尽管言语不通，却得到了他们的接济。最后通过千方百计的联系，航空公司派来救援的大卡车才把他们接了回去。好几张当时在蒙古深山里和草原上拍摄的照片一直保存到"文化大革命"：既有飞机残骸的写照，也有身穿蒙古服装的当地居民的肖像。茶前饭后，尤其是酒后，青主经常向我们叙述这一段惊险的经历；这为他那传奇般的生平又增添了不可多得的一个情节。

直到1937年抗日战争爆发前，我们一家居住在上海法租界一所花园洋房内。由于青主这时在航空公司内领取高薪，生活过得异常优越。从一些照片留下的形象可以看到：青主笑容满面地站在秋千架上，两三岁的儿子坐在脚踏的玩具汽车内。这个家庭的父母亲二人毕生都不懂得储蓄，挣多少、花多少，不计划也不记账。所以这时凭借着六百元的高工资（母亲已不再工作），虽然不能够像百万富翁那样富裕，但是，有许多百万富翁可能也并没有过得那样随心所欲。青主在欧亚航公司工作后，开始时还有时应人约稿，偶而写一两篇音乐评论发表，逐渐的什么也不写了；旧体诗却是一直不断有时写作的，可是随作随扔，从不记录和保存。天性好客的他这时不再被通缉了，更可以自由放任地经常邀请友人来家吃饭、喝酒，甚至有时还打些"小麻将"，即：不作为赌钱，但也有少量输赢的麻将作为娱乐。这时，他在航空公司任要职，认识的、来往的朋友就更多了，所以家中三日一小宴，五日一大宴，习以为常。几年前还扒在几案上、或甚至泡在浴缸中写作的青主，就这样时过境迁地全然放弃了写作，以致好友萧友梅先生耳闻目睹后不禁深深地感叹：这样下去，青主就没有下文了。青主就这样自动、自愿地退出了乐坛和文坛，那真是耽误了大好光阴、糟塌了自己才华的憾事，从而使青主毕生的音乐创作只限于三十二首歌曲和一些音乐论文以及几本小册子的音乐、文学论著；这对他个人以及对中国音乐事业来说都是很大的损失。

他在欧亚航空公司享有很高的声誉，这不仅由于他工作认真、负责，很有魄力，说、写的德文让合作的德国人赞赏不已，而且更由于他为人作风正派、办事公正，从不徇私，更不贪污。当时以及此后在中国利用手中的职权贪污早已是司空见惯的事；不贪污的才是咄咄怪事。多少在航空公司任过要职的人不都发了财？唯有这个素有"金字招牌"称誉的廖尚果，却只享受着高工资和各地"孝敬"他或为他捎带来的土特产，以及家属免费乘坐飞机的特权，而他几度自动离职后立即只剩下两袖清风。正因如此，他于抗战开始之后几度辞职，又得以重新返回欧亚航空公司工作，并且介绍了不少亲友来公司任职，如连襟许茹香先生、胞弟廖仲爽和廖辅叔先生，以及他的僚属林恺笙先生等，尤其是廖仲爽此后长期在公司任职，最后升任要职，直到解放时参加领导"两航起义"从香港返回大陆。

当时的欧亚航空公司不仅技术设备力量仰仗德方，资金方面也主要靠德方投资，所以德国人在公司内举足轻重。廖观玄尽管自己和德国有悠久的历史关系，而且对德国语言、文化也有着深厚的亲和关系，但是，他却从不在德国人面前低声下气，而事事讲究和他们平起平坐、真诚合作。他在工作上对德国人的意见是尊重的，但完全按章办事，所以他在工作中有时也会和德国人发生激烈的矛盾和冲突。他不仅据理力争，而且还曾与一个名叫许密特（Schmidt）的德国人大吵一场，毫不客气。日后他曾多次向我说明自己为人处事的一贯态度和原则："**你对我七分客气，我对你十分有礼；你给我一巴掌，我还你一拳头！**"这一点，他毕生不仅说到，而且也确实做到了。他毕生不懂得奉迎、拍马，更不懂得卑躬屈膝、卖身投靠，不论对中国人抑或对外国人都一样。他在家人面前，经常用的一个骂人的词是"奴才"，由此可见，他对别人奴颜婢膝的蔑视。奇怪的是，他这样的作风和习性事后反而赢得德方对他的尊重，这不能不归因于大多数德国人秉公办事、实事求是的作风。

有一次在开辟了飞成都的航线后，在成都站举行隆重的庆祝大会，出席的不仅有德方的要人，也有中国政府的官员，如交通部长朱家骅等。据青主事后回忆、多次述及：公司总经理在庆祝大会上作了长篇发言。紧接着，曾是青主留德同学的朱家骅站起来宣布："请廖博士将总经理的发言翻译给在座的德国友人们听！"这可使青主大为惊讶，因为事先根本没有通知他，使他有所准备。他说：幸亏总经理这次发言内容"言之有物"，所以他还留意地听了进去，不像许多发言言之无物，经常使他听得心不在焉。于是，他明知这是这位当交通部长的老同学存心试试他的德文水平，但他也毫不胆怯地抱着"那我就给你点颜色看看"的心态，站了起来，走上讲台，滔滔不绝地一口气把总经理的发言作了长篇大套的意译、复述。他发言后，顿时博到了出席的许多德国人热烈的掌声，及至他走下台时，一些素不相识的德国人拥到台前向他祝贺，并说："**廖博士，你的德文一开口就不同凡**

响!"青主曾向我追述:那是由于他开宗明义讲的第一句德语是:"Es gereicht mich zur Freude…"(那使我走向欢乐),与一般日常口语中所说的"Es freut mich sehr…"(我很快乐)迥然有别。青主说:他非常重视德语的修辞学,懂得用这种文体高雅、措词不凡的说法,这是连一般德国人都不一定能够使用的。他说:经过了这次,朱家骅对他的德文从此心悦诚服,以致1946年毫不犹豫地推荐他去同济大学任德语教授,此是后话。

1937年抗日战争爆发后,欧亚航空公司旋即从上海内迁至昆明,为此,我们全家也随着内迁,好在是自己公司的飞机,携带行李不限,于是,我们就大包小裹地路经西安,再转机飞往昆明这个四季如春的美丽城市。离开大都市迁往内地,从许多方面来说,对我们整个家庭是不幸,也是大幸。离开了现代化的大城市,也就离开了比较进步的文化(包括音乐)生活。在当时的内地,别说再也没有上海那样的文化生活和音乐生活,就连一架钢琴也看不见。这不仅对曾是音乐家的青主是一件憾事,而且对于我这样一个日后将作为音乐家的儿童来说,更贻误了自幼接触钢琴的机会。大幸的是:离开了现代化、洋化的上海,来到了风景优美,民风质朴、民族民间文化传统丰厚的昆明,得以使青主和他的全家人返回自然、接近人民,这尤其在我幼小的心灵中深深地种植下了一株健康的幼芽,使我毕生受益匪浅。

青主一辈子酷爱自由和自然。除了在上海不可能以外,他在任何城市居住都尽可能远离闹市,甚至不惜选择在较远的郊外居住。抵达昆明后,青主就去郊外风景好、空气好的乡间(当时叫"龙远村"),租了一所楼房住下,宁愿每天上下班乘坐公司接送的汽车,多花许多时间。

翠绿的大自然、辽阔的田野,加上昆明四季如春的宜人气候使得四季鲜花不断,从而使我们全家仿佛来到了人间天堂居住。这时不知怎样,父亲拥有了一架老式的德制 Rolleflex 牌子的照相机,所以照下的照片特别多。这些照片一直伴随着我们直到如今,从而一直使我们得以栩栩如生地记忆这一段岁月和境况:青主经常打着赤膊,只穿着一条底裤,在露天充分享受温暖的阳光和清鲜的空气,或只穿着一件浴衣,站在阳台上凝望着昆明经常只轻洒一阵的细雨,口中不断吟诵着古诗。他多次带领全家去风景区和名胜古迹游玩。有一次去昆明湖、西山、龙门一带,还在华亭寺中住了几夜。大观楼的长联尽管深奥,非我作为幼儿所能理解和背诵,但至少已通过父亲得知有这样一副罕见的、绝妙的长联。青主对于孩子上学根本不予重视。他总认为在中国上中、小学念书根本是可有可无的事,远不如让我在家里长大,接受他耳濡目染的教育。可是,事实上他在家里也从没有对我进行过什么正规的、有计划的教学,而听任我和家中的其他孩子玩耍,并在他的潜移默化下自然成长。当时,除了我的同母异父哥哥乃仁外,还有同父异母的姊姊阿木(后改名乃玲),那是他后来在惠州继阿述之后又尊父命与阿玉结婚所生的女儿,约1934年后也被接来上海抚养。青主与王蕴华结婚后,曾带王蕴华回惠州拜见他的父亲。想不到一向态度严肃、使后辈望而生畏的这位公公,竟对这样一位曾是画家的新女性媳妇完全另眼相看,与她有说有笑,显得十分平易近人,这使青主深感诧异。于是不久后,这位公公就同意让这个长子与继阿述死后又强行为他在惠州续娶的家乡妇女阿玉离婚,而只将所生下的女儿阿木(后改名乃玲)带去上海抚养。

  在昆明,除了我们三个孩子外,还有表兄许寰如也在我们家中长住,准备考学校。他比我们三个孩子大十来岁,俨然是个"孩子头",成天带领着我们几个孩子在花园里、田野里跑呀、玩呀。傍晚,为了迎接青主下班回家,大表哥别出心裁地说:"好伯伯"(青主)怕穿过静僻的田野被"强盗抢",要我们在他率领下准备好洗脸盆、铁罐头等,在楼上的阳台上望着,一旦青主的身影在远处出现，我们立即胡敲乱打、大喊大叫，算是把强盗吓跑。就这样在一片热烈欢腾的气氛中把青主迎回温暖的家，他顿时把我抱起来吻个不停，一天的疲劳也就此无影无踪。

青主在昆明居住时安享着幸福与欢乐，从他的一首小诗中也可以看出：

卜 居 昆 明
1938 年后作

莫向西山怀故国，莫从昆海认西湖。
雨晴浓淡华亭寺，许我移家入画图。

青主从繁华的上海来到了质朴的昆明，虽然远离了被称为人间天堂的苏杭，却来到了这时远未开发而保持着纯朴、自然的祖国西南，有所失，但更有所得，所以，他不为失去杭州的西湖而惆怅，而面对着昆明的滇池同样诗兴大发。他带着家人在昆明近郊的西山流连，甚至在华亭寺过夜，这时真好比生活在另一个天堂，虽然这时战争的烽火已燃遍祖国的东北与华北。

第一次在昆明居住了约一两年后，母亲带领着我们三个孩子来到了香港，父亲仍留在昆明欧亚航空公司工作，未与我们同行。大表哥许寰如陪同母亲和我们从昆明乘火车至越南海防市，然后搭轮船去香港，后来，青主方才来香港与我们团聚。

约 1938—1939 年间我家在香港居住期间，青主和青君毅然把连襟许茹香先生全家人从上海接到了香港和我家同住在一起，从此直到约 1940 年我家迁往广东韶关为止。这几年间两家一直住在一起。许茹香先生曾是一个纨绔子弟，出身自书香人家，为人忠厚、老实，和青主一样毕生有过可以贪污的机会而并未贪污，始终一贫如洗。1937 年他失了业，妻子又重病入医院，境况十分艰难。青主一向为人慷慨、大方，尤其在金钱上从不吝啬，所以一直定期接济他们全家生活,直到最后做出决定,把他们全家六口人全部接来香港与我们共同生活。从此,青主负担两家十一口人的生活和旅费,不但从无怨言,反而为两家和睦、亲热地合住在一起而感到高兴。

在香港住不到一年,十一口之家又迁返昆明。遵照惯例,仍住昆明乡下。不久后,青主又出主意,在乡下买一小块荒地,叫人盖平房居住。他除监工造屋外,还抡起锄头在荒地上挖树根,准备种花、种菜。砍树不难,挖树根可不易。不把那些深埋在地下的盘根错节砍断、挖起,休想将那些杂树连根去除。青主毕生最爱干体力活,不论在室内、室外干起粗活来,一点不像个文人,而更像工人。他通过自己的身教言教使我从小学会"劳工神圣"的道理,既不轻视劳动者,也不辞自己去干体力活,再粗再重也乐意去干。这时我已六岁,已能经常做他的"下手",按他的吩咐去拿把斧头、找个铁钳等,也忙得不亦乐乎,这也使青主在家中更增添了天伦之乐。他光着胳膊和上身,自称最爱当"野人",弄得我从小也习惯于打赤膊、光脚丫。在内地习惯于穿布鞋,我就从小不穿皮鞋,加上经常打赤脚,所以双足长得宽大,十个脚趾一直未受皮鞋压缩,得以完全自然地发育和生长。这一状况直到抗战胜利后迁居广州、上海后才改穿皮鞋,有所改变。

好不容易才在那块荒地上盖好房子并开出园地来,可是我们不久又举家迁居重庆了。这次迁离昆明与青主脱离航空公司有关。他就这样任性和即兴地说走就走,从不思前顾后,既不把辞职、另找工作当作险事,更不把搬家当作苦事。八年抗战期间,他总共搬家二十七次(包括在同一地的搬家)。他对于这样频繁的搬家和调换工作不仅不以为苦,反而经常(尤其在酒后)津津乐道地告诉友人。我国晋代的许多文人、名士,强调"**乘兴而来,兴尽便返**"(《晋书·王徽之传》),青主更有过之而无不及:他是乘兴就调换工作,兴尽就迁居。他说走就走地扔下了昆明那块土地和那所房屋,托人三文不值二文地卖掉毫不觉得可惜,也不顾如此自愿地辞去在昆明的职务前往重庆,是否能再找到别的、好的工作。他从小教我念李白的诗篇《将进酒》,特别欣赏其中的两句:"**天生我才必有用,千金散尽还复来。**"直到他晚年五十年代在南京大学教书时,还进一步发挥地对我们宣扬他的人生哲学和经济原则:"截流不如开源",即:别考虑节约,关键在于挣钱。他一贯的观点是:做丈夫的义务就是挣钱,挣到钱全数交给妻子去用。只要把家庭安排好,日子过得舒服、愉快,怎样花费他毫不在意,从不过问如何开支、如何计划。他一辈子连钞票也总数不清楚,总说钞票最脏,经万人之手,所以他用钱也力求经他人之手,即使别人开花账或骗他也在所不惜。

　　抗战后,随着国共合作、共同抗战的政局发展,他要有所作为的心事又油然而生。1938年,李济深任"敌后委员会"总指挥时曾草拟了一份任职名单上报,内中担任政治部主任的是廖尚果。结果名单被蒋介石亲自将廖的名字圈去;李济深仍不甘心地再次将廖改任另一要职上报,结果再次被蒋将廖的名字划掉。由此可见蒋对廖尚果这个"黄埔军校"的军官、"邓演达的死党"一直记忆犹新、耿耿于怀。1939年初,昔日在第四军中任师长的李汉魂担任了广东省主席。他邀请廖尚果去当秘书长,以致昆明的一位名叫马契的画家画了一幅画题赠给他,题的诗句是:"**飘摇风雨满神州,击楫让君第一流。他日功成同退隐,与君同醉大观楼。尚果先生应李伯豪将军之召赴广东,大展宏图……**"结果,李汉魂的许多部下不同意让一个一直没有围着李汉魂转,并从未与他们共事的外来者来担任秘书长这一要职,于是只让廖当一个闲官,从而他不久后只好重返昆明。

　　这次,青主全家又从昆明迁居重庆,并脱离了航空公司的要职,显然又是他这位既非共产党、实际上也不像国民党的人物,抱着为抗日干一番事业的雄心,不惜抛却自己在昆明待遇优厚的职务以及已买了地、盖了房的私产,来作乌托邦式的追求。抗御日寇,有关民族兴亡的大义,难以使他袖手旁观。这时,他的老同学朱家骅在重庆国民党中央组织部任部长,于是,他就在那里当了一名"专员",实际上只是挂名,成天上班也没什么事可做,只替朱写过几封德文信而已。国共合作、共同抗战的号召吸引了他这个不懂得安分守己的人物来到了陪都重庆,结果又一次上当。由于得去上班,他只好住在市内一个叫"荫庐八号"的洋房公寓中。有一天,他约了正在重庆作为国共谈判代表的叶剑英来家里见面,叶一进门首先就问他:"这里可以谈话么?"他说:"可以。"至于谈些什么,我当时才七八岁,当然根本不懂、也不记得。只记得后来在1952年"思想改造"运动中听父亲讲起:正是由于这次与叶剑英会面,他力劝青主别在国民党中央组织部当什么专员,于是青主就去向朱家骅辞职,事后还受到李济深埋怨,说:"我们正需要在那样的部门有自己的人,你怎么不告诉我就擅自辞职不干了?!"这时,青主已与李济深个人有了更进一步的深交;此后在反蒋的共同政见支配下关系更有所发展,容后详述。

脱离了组织部,失了业的青主马上就搬到郊外去住了。由此可见:初来重庆住在市内原属他不得已的事。搬到远郊歌乐山,仍与连襟全家合住在一起。所租的泥屋相当简陋,但是,青主不仅用粗花布覆盖了泥墙的下半部,挂上了字画和大幅照片,并且在屋前屋后的空地上,

顺着山地坑坑洼洼种上了各种花花草草,虽然远不及在昆明环境优美,但也算是再次返回了自然,离开了那"荫庐八号"的洋房公寓。记得当时有个友人书写了一首即景诗书赠青主,挂在墙上,内中有几句是:"……**窗外即猪栏。菜根和叶煮,米饭夹糠餐**……。"这确实是我家在歌乐山山居的写照,虽然内中少不了有艺术的夸张:我们并没有养猪,也没有吃过糠。居住在歌乐

山仍得经常逃警报,防日本飞机空袭。重庆有着许多天然的防空洞:那些山洞稍加修建,可以容纳许多人呆下。据青主说,有一次他在重庆市防空洞中遇见到周恩来。

他仍然认识廖尚果这个旧交,并请他一起吃带着防空时充饥的罐头饼干。这个所谓"著名共党"的人物这时和这位真正的著名共党在一起交谈,没有再惹来大祸是得感谢当时国共再次合作的天时。据我三叔回忆:事后,青主曾一再感叹地说:周恩来先生的见地实在高超,与他谈话,听他对政局的分析等等,确实使人信服。

附图4　40年代初,青主摄于重庆歌乐山家中。

青主常说:"天无绝人之路"。事实也果真如此。他失业赋闲在歌乐山不久,遇到了大名鼎鼎的实业家曾养甫,后者也在歌乐山一带居住。他与青主几次交谈后,对青主的才华十分钦佩,于是按月前来把为数不少的钞票塞在青主枕下,提供作为家用开销,表示日后还将借重他的大才共事。可是这样的境况为时不长，就又有另一位闯入者从天而降似的来到歌乐山：青主的拜把兄弟李煦寰。他和青主不仅同是惠州人，同时在欧洲留学，而且三十年代初还曾和青主、华丽丝在上海同住在一起。这时，他在广东韶关第七战区司令部任中政治部主任，军衔是中将，因为他和该区司令长官余汉谋有着深交。这次在歌乐山重逢，这一对拜把子兄弟不仅叙旧，而且他还竭力劝说要大哥去韶关工作，共同抗战，由他竭力去向余汉谋推荐，何况余也是青主的老相识。北伐期间他们同在军中，余的军衔很低，见到青主还常立正、敬礼并自报姓名，这一点青主记忆犹新。在李的竭力劝说下，青主的心动了：去抗日的战区工作，重返军界、报效祖国，这不是他早已不敢再奢望的事吗？于是，青主再三去向曾养甫先生道谢、辞别。于是，我们一家就由重庆来到了韶关，从此与许茹香先生一家分手，因为他的孩子们已在重庆上学，不想再跟我们远赴韶关了。

  青主来到韶关与余汉谋见了面，谈得十分投机。很快的，余即正式任命廖尚果为中将顾问。尽管这只是一个空名，但军衔之高已属十分不易。由于当顾问，正如青主常说的是"顾影自怜，问心有愧"的差事，根本不用上班，所以我家仍然住在乡下一个叫"韶师农场"的地方。青主不时去第七战区司令部或政治部，与余汉谋或李煦寰会面、交谈。有一次，余委派青主作为他个人的代表去武汉拜访另一个战区的司令长官陈诚。青主作为第七战区司令长官的代表，乘着一只特备的小轮船沿长江直奔武汉。他去与陈诚商谈的大约是两个战区如何联合抗日之类的事。返航时，青主还遇到一个被俘虏的日本军官，同乘着一艘军用轮船。该日本军官能和青主用日语交谈，十分高兴，特地将自己的一把佩剑赠送给青主，青主也为能占有一把被俘虏了的日本军官的长剑而感到自豪。这把长剑一直被保留到1948年我们离开上海去香港时方才扔掉。余汉谋对青主的一些见解十分欣赏，如青主认为：抗战后，中国可以在外交上更多的与苏联和德国合作，不要只依靠英美，余深表赞同。可是除此之外，青主在韶关也并没有什么作为，成天闲居在韶师农场吟诗、饮酒。他把一个小亭子砌上竹片，并在地上铺下厚厚的松针替代地毯；放一张书桌写字，甚至有时更放一张小床在里面过夜；一会儿命名它为"飞飞亭"，一会儿又改称"立马亭"，还写了几付对联贴上；如：

立德、立功、立言，
马上、枕上、厕上。

立马小亭前，且喜湖山归管领，
愁兵三岛上，但期耕凿庆生平。

其实这位空头的"中将顾问"又何曾在那里骑过马？这不过是诗人的诗作，正如歌德所说的"诗与真实"这二者不必强求真正的统一。诗人若是没有任何艺术的夸张和诗意的虚构，而一味要求照相、摄影般的真实，那还有什么艺术可言呢？真正的现实主义也并不在于那种摄影式、奴隶式的真实。

除当顾问外，廖尚果在韶关后来还担任过"编纂委员会"的副主任，主任是许崇清。这也只是一个无关痛痒的、并无实事可做的闲差使，与抗战也并无直接关连。他在韶关还曾撰写过一本《兵话》，只提供给余汉谋个人看过，并未发表。这本《兵话》和《乐话》不同，内中并未引用许多德国军事家的话，而却引用了一些英国人和法国人（如戴高乐）的话，这显然是由于当时德国正沦为纳粹败类统治的国家，当时德国的军事学已沦落为"第三帝国"侵略苏联以及全欧洲、全人类的工具。这本《兵话》只是他在抗战时期有感而作的纸上谈兵之作，随后也就不知道扔到哪里去了。

附图5　40年代初，(从左到右)青主与二弟廖仲爽、堂弟廖增业、三弟廖辅叔和堂弟抗风（黎伯挺?）摄于桂林。

青主在韶关期间的诗作不少，可惜他一贯随写随扔，从不保留。幸亏我三叔廖辅叔先生的记忆力极佳，能记忆起不少，因为当时他与青主同住在韶师农场。青主在韶师农场的寓所有一次作了三首诗，三叔如今只记得其中一首：

韶师农场偶成
1941年（香港沦陷前作）

客来江上响喇叭，同向茶边感岁华；
莫洒新亭闲涕泪，海棠不是战场花。

这时正值抗日期间，青主有志于投身抗战，但却一直未能遂其志愿，如今半闲居地在韶师农场度日，所以少不了有这样的感慨。他对"海棠不是战场花"这一句一直念念不忘地经常在家里吟诵，所以我一直只记得这一句。

同年，他在青君的一幅荷花画作上题过一首白话诗，似乎是开玩笑的打油诗,但这在当时也确实够大胆的:这首小诗间接地嘲讽着蒋介石统治下的国民党一直患有红色恐惧症,仍然视共产党为毒蛇猛兽,恨不得斩尽杀绝。这时名义上说是国共合作、共同抗战,实际上两党的矛盾依然存在,国民党右派仍然在百般排斥、甚至力图扑灭一切革命力量。

题　　画

1941年

晓得爱荷香,怎披上红的衣裳?
万一修到人形,定被人骂是共产党。

青主自20年代起就曾亲身经历过国民党反动派以莫虚有的罪名,将他这样从未参加过共产党的人打成"著名共党",使他长年背着被通缉的政治犯包袱颠沛流离,即使此后取消了通缉令,也以"左倾"、"第三党"等"红色"的罪名压得他始终抬不起头来,报国无门,爱国有罪;这就是以蒋介石为首的国民党统治对一切红色的恐惧症所使然。自己腐败、堕落,妄图压制、扑灭人民的一切反抗,到头来仍然摆脱不了被红色的力量革了自己的命,只能夹着尾巴逃离祖国大陆。

也正是在韶关的时期,青主突然心血来潮似的教我们学起德文来了:我的母亲、哥哥和我一同从他学习。他教完一课,就由母亲带着我们一个字母、一个生词的朗读、拼写和背诵,好不认真。青主的教学法说来也真新奇:他并不按部就班地教我们念字母、学文法,只在一本本子上写下短短的几句德文,例如第一课仅有 Aa machen(拉屎),Pipi machen(拉尿)Puss lassen(放屁)这样三句短语。如此继续到第八课,那只是一首德国民歌的歌词:O du lieber Augustin, alles ist hin!("啊,你这可爱的奥古士汀,一切都完蛋了!")他还教我们唱这首德意志儿歌,这也是他教我学唱的第一首德意志民歌。可是自此之后,他教我们学德文的事就此中断,就像他经常想写作什么似的,虎头蛇尾、有始无终。所以,我的德文也并没有打下扎实的"童子功",就此荒废着。此后他也有时教我些德语,但都不是认真的、系统的。他就这样由于自己从小受过父亲残酷教育的折磨,从而反其道而行之地来对待自己儿子从小的学习,这是对是错呢?恐怕只有天知道!我想,多半是既对又不对吧!他这样身教胜于言教的,以生活和家庭本身来对我进行了更多、更深的、潜移默化的教育,而不是通过书面、通过知识,更不是通过学校。眼看自己在韶关并无要事可做,成天闲着也乏味,于是,他又应欧亚航空公司邀请,再度作为兼职地返回昆明在该公司任秘书长,我们家属仍留在韶关。

过了一段时间,大约是由于航空公司的工作需要,他又和我们迁居到广东南雄,因为在南雄这样一个小地方设立了航空公司的分站。我家在南雄的住房是地道的泥屋,简陋不堪,墙上不时有爬虫出现,但父亲仍将字画挂上,尽可能把住所装扮起来,丝毫不嫌陋室之土。

不久后,我们全家由南雄又飞往香港,暂住在我二叔仲爽家中,父亲则仍来回的在韶关和昆明继续他的工作。母亲带着我们本拟只在香港暂住,不幸的遇上了香港沦陷:1941年珍珠港事件后不久,日军攻占了香港。我们眼看日军在街道上,甚至人行道上开着军车横冲直撞。所有商店都停止营业,使得我们几乎断了炊烟。后来,母亲才得以爬过后墙,去小店里买些食物回来充饥。我们与留在国内的父亲就此断了联系,这可是我们终生头一次,也是唯一的一次。这样的日子、这样的地方,我们怎样还能够呆得下去?!于是,好不容易,我们才乔装打扮的逃离了香港:母亲化装成乡下妇女,我姊姊乃玲化装成男孩。经过了日本人的重重关卡,好不容易回到广东省境内的"两不管地带",却遭到了土匪七次抢劫,总算才遇到了韶关第七战区派来的"单车队",即一批骑着自行车来营救我们的人,因为李煦寰的妻子和孩子也在我们这个逃离香港的队伍中。于是,我们每个人都坐在一辆自行车后面的架子上,凭着骑车者高超的车技,把我们从高高低低、崎岖曲折的小路上载到了某一个地方,然后搭船来到惠州——我们廖氏的故乡,这是我第一次、也是唯一一次来到了故乡,并第一次见到了我的祖父,这时他还健在,稍后再搭船、搭车返回到韶关,终于得以与守候已久的父亲在韶师农场全家再度团聚。

随着战事的发展,韶关也非安全、久留之地,而且也许廖尚果与李济深又有了什么新的联系,于是,1942年我们全家又迁居桂林。到了桂林,我们最初住在市内桂花街租来的半栋房屋内。不久后,我父亲就收到我三叔由韶关写来的密信,内中隐喻的写到:总店因你是第三分店的人,属"择"记伙计,已解雇了你。我父亲一看就明白了:邓演达字择生,说他是"择记伙计",意味着蒋介石的特务又盯上了他,把他当做反蒋的死敌对待。事后得知,原来是李煦寰通知我三叔写这封信告诉大哥:是重庆国民党中央的诠叙部发现了廖尚果被任命为第七战区的中将顾问后传达命令说:廖尚果是邓演达的死党,不能这样委任,于是余汉谋不得不出一个告示:"本战区中将顾问廖尚果辞职照准。"一位有志于报国的战士就这样报国无门的再一次被排斥于"国共合作、共同抗战"的战场之外。他既非"国",又非"共",就自然而然地被视为"第三党",从而遭此待遇。这对于他的精神打击有多大是可想而知的,但对这样的遭遇,他早已习以为常。

正是这一打击再次唤醒了他的政治警觉:当他发现同住在一起的屋主室内挂有蒋中正题赠"某某同志"的照片时,立即搬走,去郊外桃花江畔的丽狮下路租了一间两层的木屋居住。桂林郊外到处山明水秀,使人深深领悟古人所说的"江山如画"用词确切。作为漓江一条支流的桃花江就在我家门前，只隔着一条公路，江面不宽，约几百米，水清且深，流得湍急。青主一辈子在水里只会扒游几下就得站起，从而不敢下江游泳。我却已能头不入水地一口气游到对岸再游回来，水性不错，所以，经常等不到裤衩晾干就又穿上下水了。房屋简陋、破旧，青主自己动手糊墙，将石灰倒在泥和水中搅拌，让我光着身子跳进去用双脚踩拌，哪怕浑身沾满泥水和石灰，马上跳下江里游泳，就全洗干净了，好不痛快。在租下的两层木房旁还叫人加盖出一间房间，墙同样是用竹条糊上泥砌成的简陋结构，好在桂林冬天也不冷，不怕透风。不久母亲怀孕难产，送入桂林市内医院剖腹，婴儿夭折，母体无恙，但在医院里住了很久。为此，失了业的青主除去医院探病外，整天就在家里忙于整修房屋、布置房间和开辟花园。房屋坐落在山坡上，正好沿着公路转弯处，右侧是荒山，仅有土坟几座，杂草横生，乱石遍地。青主手持斧头、锄头，砍去杂木、移走乱石，将大片山地用竹条搭的篱笆圈起，顺着山石的坑坑洼洼填上泥土，到处种上各种花草，以致约九岁的我取笑他说："爸爸，看来最后连你肩膀上骨头凹下去的地方，你也恨不得填上土，种上花了！"就这样，他使荒瘠的山腰开遍了鲜花，让曲折崎岖的山路形成为曲径通幽的花圃。这一两个月间由于母亲不在家，我成天跟着父亲干活，晚上也与他同床睡觉，格外亲切。至于我的所谓学业，他从不考虑，也从不担忧会不会被荒废，而总认为在他如此安排下的所谓家教下自然会有出息，所以根本不安排我上学校。

在美丽的桃花江畔住不到半年，他又要搬家了：继续向远郊迁移，住到李济深的私人产业"甲山农场"去。那是由于青主失业，李济深爱莫能助地提出让他去那里住，不但不用出房钱，还可以雇几个人来种田、种菜，从事农业经营，当个"甲山农场"的"主任"。青主一向热爱大自然，也喜欢务农。他种花、种菜，解甲归田似的当起"农场主"来了。好在可以在李济深掌权的西南行营总署名册中,增补上几名有名无实的兵士名额,以此就可以使人免除服兵役、抽壮丁,这样就很容易的在桂林招募到几名湖南籍的农民来替农场种田、种菜。农场经营的成本很低,当然也由李济深掏腰包,是赚是亏也无所谓。他只偶尔空闲或躲警报时骑着马前来甲山农场观看。

甲山农场地处桂林近郊甲山,当时一望无际的田野上除到处有一座座平地而起、高高耸立的孤山外,很少有房屋。山峰苍郁、田野翠绿,更有涓涓流水,自然的景色美不胜收。我们能搬到这样的地方居住,简直是投身大自然的怀抱,似乎脱离了尘世。1980 和 2004 年,我曾两次去桂林旧地重游,均能找到这些旧址,但面貌已大为改观,旧日的空旷和极度自然的气氛已难重寻。时过境迁,物是人非,令人伤感不已!

搬入"甲山农场"的木屋居住的第一个晚上就发生了惊险的场面:由于农场面积很大,四周无人居住,而且农场四周并无围墙圈拦,所以土匪、小偷很容易光临。他们也许是看我们一家迁入,不知有多少金银财宝,所以第一夜就来光顾。当时我家养有一只半洋半土的狗,是在韶关时一出生就抱来饲养的,青主为她取了德国名字叫 Moritz。她一直跟随着我们迁移,从韶关来到桂林,又从桂花街和丽狮下路来到了甲山农场。她每次跟我下江游泳或跟青主散步,形影相随,好不亲切。这一夜,是 Moritz 发现了居心叵测者走近了我们的木屋,狂吠不已。于是,青主警觉地爬下床来向窗外观察,果然看见人影晃动。他拿起了李济深特地交给他在农场住时防身用的一支长枪,装上子弹开了一枪,这才将光临的不速之客吓跑,但就此弄得我们彻夜未眠。这还不说,连我们心爱的 Moritz 也在屋外狂吠几阵后就此不见踪影了。过了好几天,意想不到的,Moritz 回来了!可怜她身上的毛皮有好几处显然是由于绳索捆绑以及竭力挣扎以求摆脱而磨损的伤痕。可爱、可敬的狗,你是何等的忠诚、英勇而机智,终于又回到主人身边来了!青主率领着几个种田、种菜很有经验的湖南农民,整天在农田里种植、收成,不仅种有各种蔬菜、番茄,还种稻谷。我也随着他们光着脚,踩着老牛拉犁、翻耕上来的、还带有地热的大块泥土,成天沐浴着清新的空气和金色的阳光。农场两边都有桃花江水流淌,随时架上木制的水车,我也随着湖南农民一起站在木架上用脚蹬踩,清彻的江水立即涌流向农田。

这时,约九岁的我已看过《水浒传》、《三国志》这一类的书,一般字都已认得。住在桂花街时,青主的友人曾请我们去看过几出京戏,这对我说来可是头一次接触戏剧艺术。别说舞台上演的戏,连电影我也只在香港时看过几场,根本看不懂,而现在看到舞台上出现了我在小说中读过的关云长挥舞着青龙偃月刀,或豹子头林冲踏雪夜奔梁山等,那简直像是梦境的实现,顿时使我迷上了京戏,虽然实际上对京戏一无所知,只忙于每天将报纸上登的京剧演出广告剪下来收藏,惹得父亲看得发笑,此后还常说起,嘲笑我当时傻得竟分门别类的用旧信封套着各家剧院的广告,上面写着"三民戏院留广告"等字样。来到甲山农场后,父亲从图书馆借来几本有关种田的书,内中有一本叫《小园艺家》,是写给孩子们看的。父亲叫我用心去看这本深入浅出的讲解种植蔬菜等园艺的书,甚至对我说:"日后你长大了,去当一个农业家也不错呀!"他就这样以身作则、身教言教地影响了我开始热衷于种菜,甚至用心地摘写下一本《小园艺家笔记》。可惜这种嗜好和钻研随着离开了甲山农场也就此中断,而以对古诗词的爱好和习作所取代,毕生未能成为青主一度期望他儿子当的农业家。

甲山农场种植的菠菜、苋菜、番茄等收成不错,经常由农场的农工王德旺、王有义一清早收割后,立即挑去丽狮下路等处卖。我们家顿顿吃"地头鲜"更不在话下。这时,我们确实生活在大自然的怀抱中,粗茶淡饭,十分满足。那时的大自然很少有工业污染，种菜也不撒化肥。清彻的江水水质纯净，不论游泳、喝水或捕食鲜鱼均不需有所顾忌，这种非现代化的生活难道不值得我们如今生活在现代化、后现代化社会和城市中可怜的居民羡慕与神往？更可怜的是：如今大多数人们根本不知道也意识不到在历史上、在半个多世纪的过去，有过那样生活的人享过那样的清福！现代化和科学技术的空前发展，究竟为人类带来的是福是祸，目前恐怕还不能盖棺论定。我想，恐怕也不能一概而论吧，至少是有福有祸，这一点，现代人不可不知。

在甲山农场的日子里只发生过一件大事：青主的友人黄慎之先生一贯经商。他央求青主代他去找李济深先生，以取得官方批准进行什么商业活动。尽管青主和李济深先生这时已是无话不谈的密友，但是，为了央求他开条子、找官府办事这类的活动，却是青主最怕干的事。可是，一方面为了与黄慎之先生的友谊，另方面也为了黄先生答应做成这笔生意后会给青主一些报酬，所以，青主只好硬着头皮去找李济深以及他手下的办事人员。青主毕生最怕去官府求人办事。这下可不得了：每次要去之前总是唉声叹气，非得母亲再三为他打气和催促不可。最后，黄先生的那笔生意做成了，果真送了三万块钱作为给青主的酬劳。这一次青主从桂林市内回来，可乐开怀了。他一到家，就从怀里掏出一叠叠的钞票。他自己当然没有数过，就叫我们代他清点。这笔大数目的钱，可是他多年未曾见过的。接着，青主少不得喝酒庆祝。这是他毕生唯一一次通过别人做生意送给他得到的钱。他自己毕生不懂得做生意，抗战胜利后曾有一次（详后）给钱让别人去做生意，结果只能赔光了结。

他在桂林又曾与当时仍在韶关任第七战区司令的余汉谋见过一次面，余对他的去职深表歉意，说："人们说'貌合神离'，而我们实际上却是'貌离神合'呀！"由此可见：当时余汉谋也是出于无奈才将他"中将顾问"的头衔撤销的。在桂林期间，青主还与当时也在桂林郊外闲居的柳亚子先生交往甚密。柳对以蒋介石为首的国民党统治者也十分不满，经常"骂座"。他们之间的诗作往来也屡见不鲜，可惜青主这些诗作均无保留。

青主在甲山农场过的田园生活也并没有延续多久，就为迁居广西八步而结束了。有一次，李济深先生邀请青主陪同他去八步短期访问。回来后，青主极其兴奋地对母亲说："走！我们迁去八步住。"原来是由于在八步掌权、任该地区专员的李新俊先生邀请他去八步居住。据青主说：李新俊对蒋介石有杀兄之仇，并且对在广西权势、威望极高的李济深先生十分敬重。他们都是广西人，在广西形成一种独特的力量。这次李济深先生与青主去八步，和他谈得十分投机。当他得知廖目前并无职业，只闲居在甲山农场时，就邀请他全家来八步居住。李济深先生在国民党"清党"期间曾经在广州执行蒋介石的指命，四处逮捕并残杀共产党，双手沾满过共产党人的鲜血，可是后来认识到蒋介石的反动面貌，对于以蒋为首的国民党右派倒行逆施、贪赃枉法等行为深恶痛绝，从而痛改前非地坚决反蒋。1933年，他曾与蔡廷锴等人在福建省成立反蒋抗日的"中华共和国人民革命政府"，公然竖起反蒋的旗帜，尽管为时不久，但在反蒋的历史上写下了光辉的一页。如今抗战，国共重新合作，他已与蒋妥协，共同抗日，但是实际上对蒋的统治始终不满，而在自己的故乡广西省构成一股力量，不受蒋介石的任意摆布，显然，李新俊也属于这股地方力量。

于是青主和我们全家迁往八步。我们包了一只小木船，沿着风景如画的漓江水路驶去，一路置身于山水之中，宛如梦境。两岸除奇形怪状的山峰外，这里是一片沙滩，沙滩后面是一片翠绿的竹林；那里是一片农田，金黄的稻穗迎风摆动，岸边常有几只水牛，或在耕田，或在江边沐浴。到处是一片和平、安详的景象，几乎使人忘却这正是日本鬼子的侵略战火在我们的祖国到处燃烧的岁月。若干天的行船生活节奏是这样的悠闲，使得人间的时钟似乎已经停摆,人生也似乎不复在,间或幸与不幸之中向衰退演进。青主在船上成天与我们说笑,更少不了独自用拖长着平声字的惠州腔调吟诵诗词。船驶抵平乐县,方才结束了这迷人的水路旅程。在平乐一家饭店里,吃罢一顿丰盛的午餐和饭后甜点,等候八步派来的一架带篷的卡车开来后,专载着我们全家浩浩荡荡地驶向八步。

八步地处广西东部贺县附近,如今已改称贺州,而当时是个镇,根本不算城市,但由于抗战期间提高了它的重要地位,广西省这个行政专区的专员公署这时就设在八步。当时在一般的地图上找不到八步这个地名,而只能找到贺县。八步坐落在灵江的江畔,山明水秀,不亚于桂林郊外的甲山。专员李新俊先生安排我们全家住在"乐善堂",一所孤零零坐落在近郊的二层楼砖房。当时一般房屋多用木或竹结构,用砖盖的房子在当时内地乡镇均属高级的建筑。也不知道这个乐善堂原来盖来干啥的,只见它的大门上方有着五个大字:"八步乐善堂",由此可见它并非私人住宅,原来恐怕是什么慈善机构的所在地。它四周全是空地和农田,右前方不远就是那座本地驰名的灵峰。仅此一座并不太高大而却高耸、宏伟的山峰宛如飞来峰似的伫立在大片平原上。灵峰和桂林的山峰相仿,内中有天然的山洞,既可供人躲警报,当时也有时用作办公室。在八步不似在桂林,很少躲警报,大约是由于此地过于偏僻,毫无军事意义,所以日本飞机几乎从不光临。这里的自然风光仍然为我们提供了田园生活的环境:每当大片的玉米田地成熟时,我们几个孩子溜进去偷偷的摘回来煮着吃,曾遭到父亲一顿臭骂,说农民种植辛苦,怎么可以去偷他们的玉米!

李新俊先生还安排青主当了建设委员会副主任,只偶尔有人来找他去视察某处的建设施工,工作量极小,仅为按月领工资而已。所住的乐善堂也不用交房租,上下屋中间均是一大间厅房,两侧前后两个中等大小的房间,每层各四间,我们每人住一间也住不完,所以青主除卧房外,还有了一间书房。我们每人住一间,而且还常常相互调换来住,以图新鲜。自我懂事后多少年来还未曾住过这么宽大的楼房,家中从未有过这么多的房间。

在八步期间,父亲不仅教我念诗,并且教我学着做诗。他使我很快就学会了平仄和诗律,这对于一个长年累月听他拖长声调吟诵古诗的孩子是不足为奇的。他也时常要我当着他朋友面限韵做诗,以显示他这个宝贝儿子有才能。例如有一次在饭馆吃饭时,他的友人当众限我用一东韵写下小诗一首,为的是我的名字乃雄也属于一东韵:

亭边对酌乐无穷,乱世相逢正恨中。
心力莫抛名利处,如今谁复识英雄。

这诗谈不上有什么诗意,但却可以从中曲折地看到青主的影子:当时我的一切不都是在他的支配和影响下形成的么?至于他自己,更是经常在花前月下吟诗、填词,或与友人相聚时对酒高歌、慷慨陈词。他把屋前的一大片土地修筑成一个扇形的平台,经常就在这个平台上吃晚饭。他总爱露天活动,为的是可以沐浴清新的空气和日光、月光,所以晚饭经常把饭桌搬到这平台上吃,平台前面种满了各种鲜花。

我们在八步只住了一年多,可是那美好、丰富的田园生活却给我们留下了永远难忘的回忆。青主只偶尔教我念些德文,更多的是诗词。在这山明水秀的环境和诗情画意的生活中学念那些古诗词,分外容易,格外有体会和联想,因为我们就生活在诗中和画中。父亲与母亲这时写字、作画也特别勤奋,墙上挂满字画,却都不是什么古画或名家的字画,而是青主和青君(我母亲的别号)的大作。在八步和在韶关一样,青主特制了走马灯:用竹条糊上双皮纸做成,里面点上油灯,利用热量推动小装置自行转动,从而使影子印在四面裱糊着的纸面上,十分有趣。四面裱糊的纸面上分别由青主题诗、青君作画,分外雅致。青主在八步期间的诗兴特浓,和友人们唱和不断。他们用"分"和"囊"这两个字为韵分别做诗,命名为"分囊唱和集",不断拿到当地出版的"八步日报"上去发表。可叹的是:2004年4月,我特地赴广西八步、桂林和南宁查找当年的《八步日报》,以期找到青主等人的"分囊唱和集"诗作,想不到竟再也找不到该报被保留下来。这些旧报已于"文化大革命"期间被当作"四旧"毁尽。

有一天,一位架着眼镜的先生来拜访青主,为的是央求青主带他去专员公署取得演出的牌照。原来这就是驰名中外的粤剧泰斗马师曾先生。青主代他办成了此事后,剧团上演时,他派人送来了戏票两张,父母亲就带着我前往看戏。那是在一片泥地上搭起了竹、木结构的小剧场,十分简陋。我们坐在第二、三排中央。在长条的木凳上按号入座,而我算是个孩子,不用票,挤在大人身边一起坐。在这样简陋的场地上却演出了那样精彩的粤剧。马师曾先生的哑喉咙唱起来有一种特殊的风格和韵味,他的表演更是空前卓绝。这时,红线女还是一名初出茅庐的旦角,完全仰仗马师曾的教导和提携才逐渐成名。他俩年龄相差很大,可是已结为夫妇,令人联想起"公谨当年,小乔初嫁了"的佳话。这两位天生一对、地就一双的名角使我看得入迷,母亲也十分热衷,说:"希望他再送票来",哪里晓得,马先生不但一连三天,而且就此每天送两张票子来,让我们长期免费地看下去。青主有一段时间也常去看戏,并于休息时去后台看望马先生,还曾特地赋诗相赠,分别吟赞马师曾、红线女和梅绮(另一女角)的演艺,也发表在八步日报上,可惜也再难寻找到了。他们的演艺像一颗颗炮弹击中了我幼小的心灵,使我如醉如痴,连白天也想着、盼着晚上去看戏,甚至恨不得自己也去学唱戏。从此,我就模仿马师曾的唱腔唱起粤剧来。有一次过年时马先生来向青主拜年,父亲特地要我当着马先生的面学他的喉咙和唱腔唱给他听。从此,我也就成为红线女的崇拜者,直到五十年代进入上海音乐学院后仍经常把红线女的唱片带到男生宿舍里放,使得有些同学也听得喜欢上红线女的唱腔了。

在八步期间最使我难忘的是青主的小提琴声。从桂林来八步时,是友人林中诚先生送了一把旧小提琴给青主,这就使得这位昔日的音乐家如获至宝,此后不论搬家到哪里或甚至是逃难,他总是手提着这把小提琴上路。尤其在八步居住时,青主经常拉小提琴。他从不告诉我拉的是什么,可是那一些动人的旋律却就此刻骨铭心般地留存在我幼小的记忆中和心灵上,直到如今我已古稀之年。事隔几十年后,我才逐一的、随着自己对音乐熟悉范围的扩大,知道那是些什么旋律:那原来是意大利作曲家、指挥柴可夫斯基的舞剧《睡美人》和《胡桃夹子》在俄罗斯首演的德里戈(Riccardo Drigo, 1846—1930)所作的名曲《小夜曲》(出自他的芭蕾舞剧《阿尔勒计那达》Arlekinada),是德国作曲家勃鲁赫(Max Bruch, 1838—1920)所作的《g小调小提琴协奏曲》第二乐章的主题旋律。至于许多德国民歌、艺术歌曲和歌剧咏叹调的旋律等,更经常由他在小提琴上奏出,或低声哼唱,又或连带歌词一并唱出,其中只有少数曾教过我学唱。有趣的是,许多这样的旋律事隔几十年后,却让我八十年代在德国重新听到了它们,似曾相识的旋律勾引起了我多少难忘的回忆!例如:

附图6 (乐谱1)

是他最爱唱的旋律之一。他曾把歌词大意告诉我和我母亲,说:那是典型的柏林音调和情调。菩提树下街是柏林市中心最热闹、也最有诗意的一条大街。他在那里不知走过多少千次,用他的话来说:那里掉有他"成担的脚毛"。歌词大意是:黄昏时分,你去菩提树下街闲逛,若遇上一位可爱的女郎,不妨随着她行走。当你跟到巴黎广场时,她就已会成为你的宝贝了。青主当年在柏林生活中也曾有过这等的艳遇(参见他在《诗琴响了》中的诗篇《一夜的夫妻》),所以唱起这首当时柏林的流行歌曲来特别津津有味。当时我们听他又说又唱也觉得怪有趣的,想不到直到四十年后,我果真自己多次来到了柏林,不仅经常从电视、收音机里重新听到这首具有历史意义的柏林流行歌曲,得知它出自德国轻歌剧和流行歌曲作曲家苛罗(Walter Kollo,1878—1940)之手。更有趣的是,他还教我学唱过一首他当年在柏林观看过的"观赏剧"(Revue)中的插曲,至今我仍记得它的词曲:

附图 7

显然，这是一首典型的普鲁士军国主义时期的歌曲。据青主向我描叙：它描述的是一位姑娘爱上了一个当兵的小伙子，当他即将上前线时，她在厨房内除了把一块块奶酪塞进他的嘴里去以外，还与他一个吻、一个吻的、依依不舍的吻别。青主还教我用柏林方言唱它：例如第一个字的发音应如 Dea，而第二、三小节之间可以用半朗诵、半歌唱的方式去演唱（"是咱国家"）等等。这首多半是他刚抵柏林不久就看到并学会唱的歌曲，间接地宣扬了当时普鲁士穷兵黩武的精神，鼓动老百姓盲目地抱着沙文主义的爱国主义去投身入第一次世界大战，以充当炮灰。可是，这首歌曲的旋律却写得多么生动而风趣！它琅琅上口，通俗而不俗气。从它也可以看出德国普鲁士的音乐传统深厚：哪怕是鼓动军国主义的流行歌曲也能写得如此突出。有趣的是：这样一首具有历史见证意义的歌曲，如今一般德国人（包括音乐家）已不再知道它的存在了，而却通过青主把它带到了中国，传授给了他的儿子，这也可能构成为中德文化交流史上的一段佳话吧！我还曾听青主经常哼唱过一首旋律，它的开头是：

附图8

他把它唱得如此缠绵而优美，以致事隔几十年后，当我来到德奥观看轻歌剧才知道这首旋律原来出自轻歌剧《乞丐大学生》中一个在波兰的德意志统治者之口，是他在一位波兰贵族妇女肩上吻了一下，遭到她用扇子打他的羞辱，从而为了报复，收买了两个"乞丐大学生"来冒充贵族，娶了那位贵族妇。但是结果波兰人进行起义成功，大学生也被册封为贵族，皆大欢喜地结束。

这首出自奥地利轻歌剧作曲家米尔礜克（Karl Millöker, 1842—1899）代表作《乞丐大学生》（1882）中的唱段，在德奥早已成为民歌似的广泛流传，从而也得到了青主的欣赏，并且把它唱得比实际上更缓慢、温和许多，而我在德奥听人们在唱它时有的那种诙谐、讽刺感似乎已不存在。

青主平日常唱的德国民歌更不胜枚举，有些也教会了我去唱。他唱的以及尤其在小提琴上拉奏的那些旋律，特别在八步那样一个诗情画意的环境中，给予我听觉上、感觉上乃至心理上、心灵上深刻的印象，时至今日仍萦绕在我的心头耳际，是他所难以想象的。可以说，正是他的歌声和琴声为我的乐感打下了基础，为我的童年涂上了黄金般的底色，使我很早就能感受到、体验到人生的美好、艺术的美好，哪怕人生有限而艺术却是无限的。我的母亲也常常被他的琴声所吸引，常说她最爱听的就是那"小提琴把音拉得长长的"。我想：青主的琴声也许曾她在八步时的画作留下过痕迹。可惜她在八步时画的许多画如今只剩下唯一的一幅：苍翠的松枝相映着一枝红梅，并由青主亲笔的题字："松下青春"。可叹如今这不仅是我的双亲青主与青君在八步时，也是他俩毕生为我以及为人世所留下的唯一一幅合作的字画了，其余的均已被"文化大革命"、"破四旧"的烈火毁尽。

残酷的现实是不会为充满诗情画意的田园生活而自行退离人世的。我们在八步没有遭到过日本飞机的空袭，却遭遇到了本国人、本地人自相残杀的内乱。就在我们在八步居住的那一年内，发生了当地闻名的"黄罗事件"。黄、罗是当地国民党驻军的两个将领的名字，不知道为的是什么，他们俩和掌权的专员李新俊对立，竟发展到动武的地步。于是李新俊特别通知青主：赶快离开八步，连夜逃往附近的永庆乡，因为马上这里就要打起来了。于是，青主立即找了两个人来做挑夫，急忙收拾起少量行装由这两个挑夫挑着，随同我们全家逃难，而他则手提着那把小提琴上

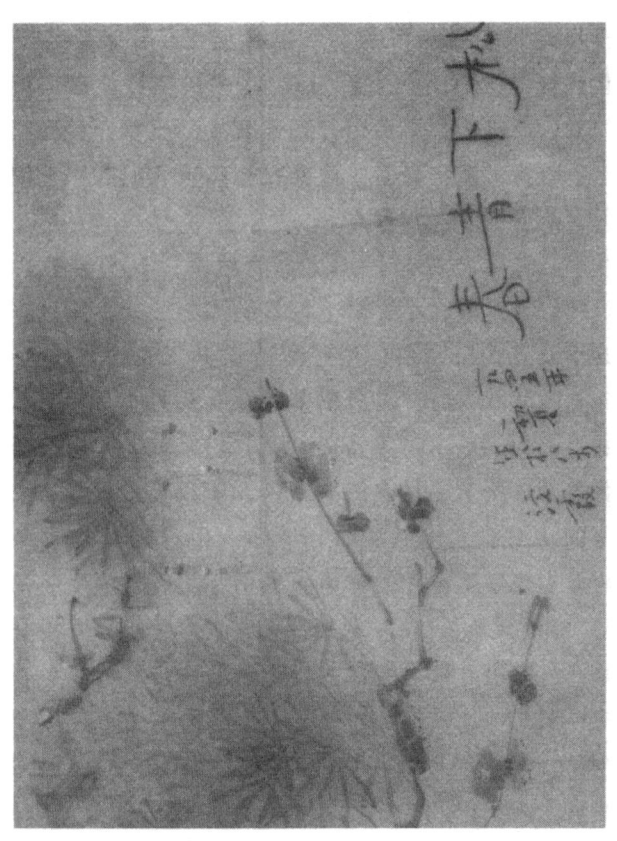

附图9 青主题词的青君（亦名浣霞）画作《松下青春》（1945）。

路。我们穿过黑夜在宁静的田野上行走，仅有父亲的一支手电筒和由别人提着的另一盏装有玻璃罩的油灯，照着我们前进。家犬Moritz跟着我们，也替我们看管行李似的来回奔跑赶路。这穷乡僻壤的黑夜是沉寂、美丽的，而这一夜更显得肃穆。我们如此走了一整夜才到达目的地，在永庆乡的一个地主家中住下，一直等到"黄罗事件"平息后才返回八步。据说：李专员与黄、罗的部队果真开枪战过，互有伤亡。等我们返回八步后，乐善堂前方、灵峰旁边的那片小树林里，一直停放着七具棺木，就是这次战斗中此方的阵亡者。可怜这些为国民党内部派系斗争无辜牺牲的士兵就这样停尸在林中，久久得不到安葬，直到天热尸体发臭了，才不得不由人抬走去埋葬。棺木被抬经乐善堂旁边那条大路时，竟因为绳子折断以致微薄的棺材掉地，跌得棺木破裂，尸体暴露，使我从此很长一段时间内每次走过这条必经之路时深感惊恐，仿佛又闻到当时随风飘来林中尸体的腐臭。

"黄、罗事件"之类的内乱不止发生过一次。不久后又有一次，同样，李专员又通知我们赶快离开。这次没有上次那样狼狈和局促，而得以乘坐李专员特派的小汽车在白天逃离，去不远的一个小城镇公会避难。路途中突然汽车抛锚，无法前进，停留在荒僻的村野。世界上就有这样的巧事：青主和我们只好找到汽车抛锚处附近的一所乡村小学歇脚，哪里晓得竟遇上了青主北伐时期在法官学校时的一个学生，他正在这所小学里当教师，交谈起来，很快就使他认出这就是当年的"校长"，于是安置我们到他住的一间宿舍中过夜，并为我们端来热菜热饭，好不热情。我从他的那间宿舍窗子望出去，只见一片荒野和杂草丛生的山脊，顿时使我感到这里无比的荒凉，至今记忆犹新。20年代末法官学校的学生，在40年代竟会来到这样一个穷乡僻壤担任这样一所小学的教师，由此可以想象这个社会的不合理，学有所用的原则根本不可能实行。当然，在当时那样一个"大革命"的形势和时代所造就出的人才，在如今名为"全民抗日"、"一致对外"，而实际上仍然任人唯亲、排除异己的社会里，哪里会有容纳，更谈不上发挥这样人才的余地。过了夜，修好了汽车，第二天才赶到小镇公会，住在一个镇上集市的街旁。那房屋较好，是砖墙，青主立即忙着把他的字画挂了起来。临时逃难只能带少量行李，他也忘不了携带这些并不值钱的字画，为的是仅供自己悬挂着观赏，仿佛是生活的必需品，真称得上"一日不可无此君"。来公会暂住，人地生疏，一个来访的友人也没有。可是即使是暂住，青主也受不了住在街边这样有集市而异常吵杂的地方。于是，他急忙独自一人走下乡去寻找安静的住处。几天后，我们就迁居到乡下一个富农刘子平的家中去住。事后听刘子平说：青主来找房子住，当问他是何许人时，他回答说："一般的老百姓。"及至搬去住下后才得知这原来是八步来的一位官员。屋主对此大为赞赏，说青主一点官架子也没有，更没有一般当官的人仗势欺人的派头。在他家短期居住使我们仿佛与他交上朋友。在公会时天气炎热，青主白天常带母亲与我找一个有桃树、绿竹成阴的幽静地方去避暑，各自带上诗词、小说去阅读以消磨时光。我们几次在那幽境深处听到有人啼哭并歌唱（实为哭唱）的声音，最初我们以为是死了人吧，原来并不是，后来才看清是一个青年妇女独自在哭唱。此情此景使我长大后，当读到郑板桥的诗句"**衙斋卧听萧萧竹，疑是民间疾苦声。些小吾曹州县令，一枝一叶总关情**"时，深有所感的使我记忆起约十一岁时在公会听到的这一"民间疾苦声"。中国民歌中不也正有着大量"哭唱"式的民歌，那是无数童养媳、寡妇或被遗弃的妇女们在承受着形形色色、难以名状的苦楚重压时所发出的心声。当我结识到这些民歌之后，就更能栩栩如生地回忆起这时耳闻过的声响。青主在我的童年时曾一再的向他的家人叙说过他对当时无数生活在水深火热之中的老百姓的同情，时时处处会使他联想到还有无数老百姓正在受苦受难的事实。他总以此来表述自己的衷怀，并感染和教育他的家人。

"黄、罗事件"再度平息后，我们可以回八步去了。于是又乘着李专员派来的小汽车，回到了似乎已久违了的八步乐善堂，我们"翻把他乡识故乡"的优美地方。

在八步的一年多时间内，青主在诗词方面对我的影响和教导最大。他一如往常地每天总要独自吟诗。他那用惠州方言和惠州人吟诵古诗的传统声调很富于音乐性，那完全是一种即兴的吟唱，是根据每一首不同的诗词、不同格律的诗句、声韵，作一种即兴吟唱,既有每次不同的新创作成分,更有着一定的唱腔作为根据,从而作出即兴的变奏,所以尽管吟唱起来千变万化,但其基本风格和旋律、节奏,却始终如一,令人一听就知道:那是青主用惠州话在吟唱。他只大概地教过我怎样吟唱,例如七字句的诗词一般总是"一三五不论,二四六分明",但在第二或第四个字处如果遇到平声字时就应稍作停顿,加以拖长并强调。更重要的不是他对我在理论上的讲授和分析,而是十余年听他吟唱的实践,使我潜移默化的、自然而自然的学会了他那样吟唱古诗词,尽管我不会讲惠州话,但我对用惠州方言吟唱古诗时的腔调却似乎已"溶化在血液中"地学会了。

尤其在八步期间,他经常教我选读汪静之编的《爱国诗选》,那三卷诗选是青主从上海带来、一直爱不释手、带着走遍半个中国的书。当他读到或教我读到高天梅委托石达开所作的诗句"**我志未酬民已苦,东南到处有啼痕**",以及辛亥革命烈士赵声的诗句"**宝刀持向灯前看,无限凄冷感慨来**",还有明末诗人屈大均的诗句"**汉家只有天山月,犹照樽前旧锦衣**"等时,他常常热泪狂涌,这显然是他毕生一直胸怀老百姓与祖国的情感的自然流露。也许有人会说:这是他对自己当年戎马生涯的回忆,并把它和当时山河破碎的现实联系起来才如此冲动吧,其实并不尽然。这样的诗句不论何时何地都在激动着他的心弦。他也热衷于教我念"**大盗亦有道,诗书所不屑……策马度悬崖,弯弓射明月**"等诗句。这样的诗句正好和我当时热衷阅读的《水浒传》,以及在京剧和粤剧舞台上所看到的绿林好汉的英雄形象联系在一起,所以分外感到亲切和激动。尽管当时我才十一岁左右,但在青主的熏陶下早已懂得:当今我们的国家在以蒋介石为首的国民党统治下腐败、衰弱不堪,更加上日本鬼子的侵略,所以民不聊生。尤其在八步,青主酒后常常当着少数知心朋友(包括李新俊)的面,半带"表演"式的问我:"你知道你爸爸的仇人是哪一个吗?"我立即回答道:"蒋介石!"于是父亲分外高兴,就这样使我对祸国殃民以及我父亲毕生的仇敌蒋介石早已满怀仇恨。多卷集的《爱国诗选》和《古今名诗选》不仅是他自己长年相伴的读物,也是他用以教子的课本。这两部诗选一直作为他家传的遗产伴随着我直到所谓的"文化大革命",被当作"四旧"焚毁。可惜我如今想再寻找到这两部诗选已难以如愿了!

在八步期间,父亲教我念过的大量古诗词中,特别使他倾心的一首是:

行 香 子

抒 怀

苏 轼

良夜无尘,月色如银。酒斟时,须满十分。浮名浮利,何苦劳神。叹隙中驹、石中火、梦中身。虽抱文章,开口谁亲,且陶陶,乐尽天真。几时归去,做个闲人,对一张琴、一壶酒、一溪云。

至今我还能清楚的记得:他教我念这首词的时候最欣赏和向往的几句是:"浮名浮利,何苦劳神"以及"几时归去,做个闲人。"这四句正集中地概括了他毕生为人的志向和憧憬。他对苏轼和这首词怀有特殊的情感,是由于苏轼不仅在青主的故乡惠州居住、当官并有过德政,而且更由于苏轼毕生的经历、遭遇和情怀都和青主的很相近:一再被贬谪、流放,但却能随遇而安地在任何环境中怡然自得。青主多次向我讲述苏轼在惠州如何深得民心,曾写下"**报道先生春睡美,道人轻打五更钟**"的动人诗句;惠州地属岭南,当时岭南属于"荒蛮之地",而苏轼却表明自己"**日啖荔子三百颗,无妨常作岭南人**";这些诗句传到他的政敌和上司耳中,从而再将他再次贬到海角天涯的海南岛去,而他却也能在那里追随当地的风俗和穿着习惯继续愉快的生活下去,从而再度引发起当政者的愤怒与加害。青主的为人和诗风、乐风莫不与苏轼相近，同属豪放、旷达一派。所以他谱曲的《大江东去》能成为千古绝唱。

可是，我们在八步那样一个诗情画意的环境中生活，却并未能真的做到遗世而独立。有一次青主从外面回来说：在宴会上有一个国民党军官借着喝了酒的时机对着他咆哮着说："廖尚果，你敢造反吗？你敢反对蒋委员长？"对于这样的场面抱有警惕的青主，立即酒意也消了一半地对付了过去。他知道：他生活在八步和广西，虽有李新俊和李济深的庇护，但并不能高枕无忧。果然，他事隔不久就接到了匿名信，内容尽是些恐吓的话，如"当心你的狗命"等等，署名是"杀狗团"。这样一封奇突的信写得异常拙劣，我作为十一岁的孩子也一看就能明察。他马上把这封信交给李新俊看。李看后说他会采取措施。于是从这一天起，每到天黑时，由他派的两名武装的便衣人员就在乐善堂周围巡逻，直到天亮。另外，李专员还拿了一支左轮手枪和一批子弹交给青主。那是一把可以连发六颗子弹的手枪。我有时背着父亲把子弹除下，把它当作我独自一人演京戏和粤剧时的道具玩耍。直到他离开八步时，青主才把这把手枪归还李专员。这还不说，不久后，李新俊也收到了匿名恐吓信，内容是说：你李新俊少年英俊，为什么要这样去保护、支持廖尚果，并要他当心等等。由此，可见，国民党内部派系斗争之剧烈，也可以看出当时在广西八步反蒋的势力和蒋介石军统特务系统明争暗斗已达到白热化的地步，而我们也正处于这一搏斗的漩涡之中。尽管有李新俊的全力支持和庇护，尤其是在收到这两封匿名恐吓信后，青主对自己在八步的处境已完全清楚。

突然出乎意外的，抗战结束了。此后，青主就不想在八步再呆下去了。他一个人先秘密地悄悄离开了八步，经贺县乘船去光复了的广州，为的是怕别人知道他有碍家人的安全。他走后，我们仍住乐善堂,唯一发生的大事是:李新俊的弟弟李唐俊跑来向我母亲吐露真情:想娶我姐姐乃玲为妻。尽管父亲不在,母亲一个人就作了决定,让乃玲与唐俊结婚。接着收到青主来信叫我们也去广州后,我们便向八步告别了。我哥哥乃仁在八步结识了一个国民党军官张振华,他是扬州人,当过营长,常来我家玩。他正失业,于是就陪同我们全家一起去了广州。我们心爱的 Moritz 连同把刚生下几只小狗只好不带,交由乃玲饲养。我与他们何等依依不舍,后来还曾写信问过乃玲,据说后来老死了。从此我也再没有见过我这个姐姐。

告别了八步,也就告别了祖国西南的大好河山。自 1937 年抗战爆发后,青主除短期在香港外,全部在昆明、重庆、韶关、南雄、桂林、八步这一些西南地区的城市和乡镇度过这难忘的岁月。这八年中的经历对他来说好比天马行空:不仅在天上飞,也在地上疲于奔命的迁移,对我说来则是上了人生的第一课。这一课我主要是在家中上的,是在青主的潜移默化下上的。作为父亲,他并不勤于教导自己的孩子,听任孩子去玩、去"赖学",整天在情感温暖、内容丰富的家庭中生活,从而对于学校中的一切都感到陌生和不习惯。我眼看同住的表兄、表姐们个个都上学念书,而自己却留在家里,但十分得意,这就是由于青主教育观的结果。母亲教我识过字,但不系统、不严格。后来她影响了我去看小说《水浒传》、《西游记》、《三国演义》以及接着还有《儒林外史》、《济公传》、《七侠五义》、等,才使我有了阅读能力。父亲则主要是教我念诗词和一些德文,但也松松垮垮,既不经常、更不系统。所以,我的知识也是零零碎碎得来的,极不完备,而青主对这些满不在乎,认为上不上中国这样的学校根本没有关系,今后有无出息完全不在于此。至于我今后长大怎样取得学历并在这个社会立足,他根本不加考虑。在八岁时,由于姐姐乃玲入了当地的灵峰中学初中一年级,母亲就托人去说情,让比她小五岁的我也去上初一班级，至此除在南雄时曾上过小学暑期补习班和几周四年级外，我总算第一次上了几个月学校，至于学到了什么，我自己也莫名其妙。我就这样似乎荒废地度过了我的求学年龄。而事实上如今回忆起来其实那些岁月也并没有虚度，这主要得感谢青主，是他通过自己的身教和影响教育了我，使我在许多方面成了他的影子，尽管只是影子，但却是一个非凡的影子，使我的童年像黄金一般的幸福、温暖，使我爱憎分明、充满幻想和激情。我毫不惋惜极少上学的童年，因为那不属于我虚掷了的光阴，也不属于我被贻误了的年华部分。相反的，现在回顾起来，我仍然要感谢青主：他不仅生育了我的身体，并且塑造了我的心灵，没有使我的宝贵的童年在平凡的幼儿园和小学中度过，没有使我的头脑充斥那些庸碌、陈腐的知识和观念，相反至今充满着丰富的体验和甜蜜的回忆。

  青主对我自幼进行的"家庭教育"，完全是通过他自己的身教言教潜移默化在进行的。这是由于他对自己幼年在家中身受严父封建式教育深恶痛绝的结果，所以对他自己的儿子就反其道而行之，从一个极端走向另一个极端：从死记硬背、强迫命令走向放任自流、不管不问。但由于他在日常家庭生活中的一言一行其实无不具有教育意义，从而实际上并不是什么也不学的，使我以一种特殊的方式度过了我的童年和少年，尽管学得不够认真、系统，但却学得自然而深刻。他曾为我讲过这样一个故事：书生遇到了一位神仙，神仙看他穷，就手指一点，将一块石头变成一块黄金，然后说："你把它拿去吧"，可是书生并不欣喜若狂的扑向那块黄金。神仙深感诧异的问道："给你一块黄金，还不要？"那人答道："不，我要的是你那个手指！"青主为我讲这一则寓言，是想使我从小认识到：可贵的不是单个的成品，而是产生出那成品的创造能力，所以一个人求学或干事业都一样，要掌握神仙能点石成金的手指，而不是那一块黄金。

（八） 抗战胜利后走上讲坛

（1945—1949）

我们同青主一样经过贺县乘小木船经梧州，再换乘装有马达的轮船拖着的大木船来到了广州与青主团聚，最初住在东堤区文德南路旁的六和新街六号。由于生活来源还没有着落，而且现在回到的是省城广州，所以青主没有住到郊区去。我们一到广州就听他说：他来广州时在船上遇到一个素不相识的年轻人徐家德向他进言：如今抗战才结束，物价很便宜，有些生意可做，如果有本钱去购买货物到某地贩卖，可以赚许多钱。于是，青主抵广州后去访问了一位姓朱的友人。他十分富有，家中有钢琴，青主弹奏一番后开口向这位友人借钱，他也就立即借给他五（或五十？）万块钱。于是，青主就把全部钱交给了徐家德去做生意，据说不消几个月就会把钱赚回来，这下生活可以不愁了，青主为此还曾写下打油诗，内中有一句是"**家德来时钱大把**"。可是谁知道过了几个月，徐家德倒是回来了，可是他只对青主说："连本钱也全部赔光！"青主也就只好叹一口气，再不追究，就让这个萍水相逢的陌生人一走了之。从此，做生意赚大钱的南柯一梦也就醒了。朱姓朋友也只好一笑置之，并未要求青主还债。当时许多人的友情和慷慨似乎远胜过如今。那时也在广州的好友林恺笙事后惋惜的对青主说："那五（或五十）万元，当时如果买草纸堆在床底下，现在也可以赚一大笔钱了！"这就是青主唯一一次借钱给别人经商的结果。一个年纪已五十多岁的人，竟会如此天真地轻信一个素不相识的人，就把大量的金钱交给他去做生意，如此轻易的被骗之后也就不了了之，简直难以令人相信，由此可见青主的为人习性。

抵广州后一无职业、二无收入，青主就靠朋友们资助度日。当青主陪好友黄慎之先生去附近看房子时，看到黄先生找到的住所不错，便毫不客气的央求黄先生将这个住所让给他住，然后黄先生再去找别处的房子。黄先生是他的好朋友，马上答应了他这个无理的要求。于是，我们马上搬到了附近的聚仁坊七号住下。这是栋三层的楼房，与房东各住一半，即：每层楼都只住位于一边的房间。住惯了乡下的我们，这时住进了大城市的楼房好不感到新鲜，尤其是抵广州后才再度使用自来水和抽水马桶，这自我懂事后家中还未曾有过。

"食在广州"。青主来到了广州，对去"饮茶"（吃广东点心）非常感兴趣，可是口袋里却没几个钱。他有一次对我说：他刚从河南（即广州市区隔珠江的对岸）回来，发现有一间茶楼很便宜，于是他就和我商计：我们两人去"饮茶"可以吃哪些糕点，共需多少钱。这在青主可是少有的事：他用钱向来从不计算，而且也不会算数目，怎么这次这样精打细算，并且把一项项的加法全算对了！由此可见他这时的经济状况。更妙的是：有一次他拉我陪他去茶楼，说黄慎之先生约好与他几点钟在茶楼会面。他说："当然是黄先生请客。到时你只用说一声谢谢黄伯伯就可以了。"哪里晓得我们去后，坐等黄先生不来，就先要了点心吃起来。左等右等他才来了，却说因有要事迟到，而且马上要走，结果青主只好硬着头皮自己付钞。青主这样一心想让别人请客的事是我从来没有见过的，由此可见他这时失业在广州的狼狈处境。

在广州，我与哥哥乃仁一起去附近的华南中学上学。由于我在八步时上过几个月初中一年级,到了这里就上了初二。当时的学校也真好说话:只要你肯交费并有个藉口,上几年级都可以。这次上学,我可认真了,不仅当了班长。而且还参加国语演讲比赛得了个全校第一名。其实我的国语发音根本不够标准,但在当时广州那个"天不怕,地不怕,只怕广东人说官话"的环境中却已是佼佼者,正所谓"蜀中无大将,廖化作先锋"。全校讲演比赛,不分高中、初中,出的都是同一个题目:"怎样建设新华南?"我那时只十二岁,对于这样的讲题当然一窍不通,于是求教于父亲。父亲对我说:"有人会说先进行经济建设,也有人说要进行文化建设等等。但是,我认为最重要的就是让人吃饱肚皮,如果老百姓连肚皮都吃不饱,什么建设也谈不上!"我就按照青主的意思去即兴发挥了一番,结果竟颁给了我第一名。可是,得到的奖品仅几本毫无价值的书。青主这次教我说的讲演内容却从此深入我心,使我领会到老百姓的饥寒、疾苦才是头等大事的至理。这一观点与他一贯心中念念不忘老百姓一脉相承。青主在广州时得知罗卓英当了广东省长,而李济深与罗卓英也有交情,从而有过想请李济深介绍他去当广东省建设厅长的念头。可是青主知道在那样的情势下多半是不会成功的。事实上,这样一个认为首先要使老百姓吃饱肚皮,然后才谈得上"建设新华南"的"清官",果真当上了广东省建设厅厅长,也不会容他去干那样的建设。国民党的官员有哪几个会想到或做到使老百姓吃饱肚皮的?他们首先想到和做到的是如何大饱私囊。哪一个大官不是发了财、享尽福,而置老百姓死活于不顾?没有这样"品质"的人就别想当国民党的大官,即使当了,也会很快将你挤下台,因为你阻碍别人升官发财,更何况你想"反蒋",那更是格杀勿论的死罪!所以青主在广州闲居了不到一年,眼看没有什么出路,于是举家经香港迁往上海。

在从香港到上海的这一艘挪威海轮上挤满了贫穷的无产者,

他们大多是江浙一带的人，很少会说广东话。显然，他们是一群因抗战而流落在南方的江浙人，如今返回家乡。青主一生最讲究的是新鲜空气。他日常在居住的房间里，每天要多次开窗通气还不说，更同时拿起芭蕉扇猛煽，以使房内污浊的旧空气更快、更彻底的让位于室外涌入的新鲜空气。这一生活习惯也由青主家传给了我，沿用至今。所以我们买的便宜船票（统舱票），即让无数人同睡在一个不对号、没有床位的船底舱地上，那几扇小得可怜的圆窗洞怎能让足够的新鲜空气涌入?！青主受不了这污浊的空气使他窒息，于是他坚持要睡在甲板上。海风再刮，夜里再冷，他也不畏惧。好在这本是艘货船，为了赚钱不限名额地超载乘客，所以根本不管乘客到处乱睡。于是，我们就在甲板上铺上了席子和毯子随地睡下，除青主外，我们几个都晕船。船一到汪洋大海，我们就卧倒不起，饭也吃不下，还要吐。唯有青主不怕风浪，仍到处行走、散步，并凭栏迎着海风，面对大海哼诗或低唱，并且仍然狼吞虎咽，与平时一样馋嘴好吃。船行经台湾海峡时遇上了台风。挪威船长本以为来得及穿过台湾海峡，不受台风威吓。怎知道台风提早来到，结果正赶上狂风暴雨，掀起的巨浪打入船舱使锅炉间都淹了水，船长只好喝酒暖身并穿上救生衣，准备船沉逃生。在那样危急的状况下，我们几个睡在甲板上的人更是可想而知：我们蒙着头睡，所盖的厚被早已被不知是雨水抑或海水打得湿透，母亲急得惊慌失措，父亲却仍能沉着应战。遇事不慌是他一贯做到的习惯，这恐怕与他从小的戎马生涯并且遭遇过多次磨难有关。最后实在支撑不下去了，才好不容易付钱给一个中国水手，由他把自己的一小间睡房让给我们，自己睡到别处去。天幸那台风圈终于被船冲了过去，没有遭受灭顶之灾，葬身鱼腹。我们就此离开了祖国的西南和华南，重返中国最大的城市上海。

　　本以为已在上海的许茹香先生（青主的连襟）会来码头接我

们,哪里知道连一个人影也看不见。打电话去许先生任秘书的中央航空公司(原欧亚航空公司),人已下了班,根本找不到,只问到一个地址,说他住在四川北路(与老靶子路交叉)某一个弄堂里。我们好不容易找到了那条弄堂,也不知道几号,只好穿过整条里弄来去多次喊叫他的名字却毫无结果,这时夜已经深了,眼看我们全家只能在街上过夜,最后许茹香先生夫妇终于搭乘三轮车赶到,原来他根本不住在这里,而住在一间旅馆里,是他听公司的人告诉了他才赶到这里来。两家亲人久别重逢于抗战胜利后的上海,尽管是在一条根本无关的里弄里,却也悲喜交织、感慨万千。于是去他们住的旅馆另开了一间房间,仍住不下这许多人,我和哥哥只好与他家的两个孩子再去北火车站附近的便宜小旅馆另外找了房间住下,白天就赶往他们住的大方旅馆一起吃饭、生活,晚上再回小旅馆过夜。

  这时的上海真是寸金难买寸土地,租屋得用金条"顶"才租得到。而我们连一两黄金也没有,长期住旅馆也支撑不下去。许茹香先生在航空公司任秘书,虽说是高薪也难以维持。这次和当年在香港不同:当时是多年在航空公司任要职的青主负担廖、许两家十一口人的生活,不成问题,现在是在上海,只能由任秘书的许茹香先生一人来负担我们两家的生活,是断难持久的。青主毕生最怕依赖别人,他总引用古人的诗句对我们说:"**生平只怕受恩多**。"他再接济别人也从无怨言,而受别人接济却深感不安,总觉难以回报。他去了一次南京找一些熟人想谋生路,结果也只空手而回。他也知道:自己不放弃一贯的反蒋政治倾向,不卖身投靠、拍马奉承,要在这个社会和世道中混下去是难上加难的。"天无绝人之路":偶尔来了一个没有什么交情的、新认识的人,答应把他在杨树浦区某条路联成坊空着的里弄房子,暂时给我们两家合住。那栋两层楼属于典型的上海鳖脚的弄堂房子,只有一个自来水龙头在下面供大家挤着用,水来得也很慢。正好遇到夏天，炎热无比。青主成天打着赤膊与大家人头挤挤地同在一间小房内，好不难受。于是，他每天拉着我陪他到很远的虹口公园里寻找树荫下乘凉，带几本书看，到了吃饭的时候就走出公园，去沿街的面摊上吃阳春面充饥，就这样也难以维持。去了几次之后，算算实在口袋里的钱已不够，只好改为步行：二人从杨树浦步一直走到虹口公园，以省下几毛钱车费。吃的中饭、晚饭也更减少了。这样的日子在青主和我们一生中还未曾有过。可是也正是在这样的日子里，我们父子的感情更倍加深厚。青主对这时十三岁的儿子已无话不谈，不把我当作是个孩子了。这时我对他的敬爱和怜惜也与日俱增。我对于他的处境极其同情，但抱着他教我念过的诗句**"不经沦落是庸才"**的信心，认为这样的日子是会过去的。也正是在这样的日子里，我在一个黄色封面的小本子上记下我的"日记"，其实根本不是天天记的日记，而只是偶尔记下我当时一些最深刻的印象和感想而已。可是，我写下了永不忘记父亲的仇人是蒋介石等明目张胆的字句，天幸这日记后来没有闯下大祸。

白天在虹口公园"避暑"，晚上总得返回联城坊过夜。即使夜晚，那里也热得叫人受不了，所以我们常去附近的杨树浦码头乘凉。有一次我们亲眼看见一群美国兵醉醺醺地走来，几个三轮车夫向他们兜生意，他们竟向三轮车夫猛吐口水，而那些三轮车夫竟然也只用手抹去了口水，继续向这批美国兵拉生意。这使我们极端气愤：既为美国兵的蛮横，也为这些三轮车夫的没有志气气愤。这些美国兵也只有在当时的中国领土上才敢如此猖狂。结果来了一部美国吉普车，那批美国兵就一涌而上，走之大吉。这就是当时上海的一幅生动的写照。它使我们联想起许茹香先生在抗战胜利后在昆明，不也正是在街边人行道行走时被美国兵横冲直撞的吉普车开到人行道上来压断过大腿吗？！这就是"盟军"在半殖民地上横行霸道的真相。在另一些国家他们胆敢这样胡作非为吗？1946—1947年间，美国兵强暴北京女大学生沈崇的案件引发了全国学生的抗议、罢课，结果不是也只由美国军事法庭大事化小、小事化了地了结算数了吗?！抗日战争后的中国算是战胜国，可是，那实际上是怎样一个"惨胜国"呢？连别的战败国都不如！这怎能不说是我们做中国人的耻辱和悲剧！这正是我们于抗战胜利后来到上海后得到的活生生的经历和体会。

也正是在杨树浦码头上纳凉的时候，我的三叔廖辅叔先生来访，他力劝青主写信给当时任教育部长的朱家骅，请他介绍去同济大学教德语。也是在这同一个时候，母亲的老朋友夏叔美先生又劝告青主不如去谋招商局当差使。于是，青主写了两封信给朱家骅以及不知是另外一个什么大官，结果两人均有回信，均附有推荐信。可是，青主交出两封信后，只有同济大学的答复是肯定的，青主对我们说："你们看：某某给招商局的那封介绍信，落款只签名，未盖章，而朱家骅的那封却是签名又盖章的。这一定是他们官场上的默契：敷衍写的介绍信就不盖章！"可是，尽管同济大学的董校长已口头答应聘青主为德语教授。而聘书却迟迟不见送来，眼看暑期即将结束，再一耽误就得再等一年，这怎么办！这时，联成坊的屋主提出要收回房屋了，我们一家就只得搬到虹口区武进路上的一家旅馆暂住，眼看借来的钱即将用尽，这真是度日如年呀！于是青主又修书一封，要我马上送去善钟路（现在的常熟路）同济大学总部（现在的上海歌剧院所在地），以催促早下聘书。不巧那天黄浦江发大水，马路上淹水，驶往善钟路的有轨电车也驶不到终点站，我只好坐到停驶处涉水步行前往同济大学送信，总算胜利的完成了任务。果真不久，聘书就送到我们住的旅馆。这下子举家欢腾之余，青主马上去四川北路同济大学教师宿舍要求分配房子住。好不容易在那里分到一小间房间，那是日本人占领时盖的一排排平房中的一间。大约十二平方的一间小房间,就算是分给这位新来的德语系教授的宿舍。即使是这样一间小房间,对于早已住怕了旅馆(不是怕那房间,而是怕付每天的房钱)的我们,却已喜出望外,如获至宝。青主拿着尺去丈量,计划如何才能安放下父母和我三人所必需的家具:两张床、一张桌子和一张凳子。算来算去还是放不下!天幸青主在虹口区虬江路旧货摊上发现有两张小的旧铁床,只用钢丝结成的床面,没有床头床尾的附加物,不仅占地面积小,而且是单人床,却也可以让两个人凑合着睡。于是买下放进那间小房间,青主睡一张,母亲和我合睡一张。吃饭时书桌充当饭桌,一边放一只平板凳,另一边两人坐在床上。那两张铁床就此陪伴着青主和青君夫妇二人度过他们的余生。青主逝世后,由我母亲带着小孙女廖冲睡一张,由我和妻子睡另一张,同睡在音乐院宿舍中的一个房内度过了近三十个春秋!

  青主说过:看来他唯一的"看家本领"是德语了,这终于使他赖以度过他平静的晚年。他能几经周折,终于走上了讲坛,当个"教书匠"作为毕生的归宿,那这确实是件好事。他既教德语,也教德国文学。可是不安分的青主,即使是教德文也不肯循规蹈矩,而仍然要在德文文法上"闹革命":他公然在讲坛上宣称:"不容许我们在社会上闹革命,我们就在德文文法的教学上闹革命!"也正是在同济大学教德文的时候,他偶尔读到报上登有一篇文章对青主以前写的歌曲《我住长江头》大加赞赏。这位作者说"要拥抱这位作曲者。"这使青主分外感动地说:"我从事音乐,那完全是为了受通缉时混饭吃!"事实也正是这样:通缉令一取消,他进入航空公司领取高薪后,除极个别外,就什么歌曲也不作、音乐文章也不写了。这哪里是一个音乐家应有的作为呢!可是,命运就这样安排了青主的一生,使他成为中国乐坛上"昙花一现"似的人物。可是,也正是他在那短短的几年间所作的歌曲和所写的文章,使他成为不朽的人物进入了中国音乐史,而其实他的一生又何曾是能以作为一位音乐家来概括的呢!他在八步时曾教我念过刘克庄的一首诗:"**斜阳古柳赵家庄,负鼓盲翁正作场。死后是非谁管得,满村诉唱蔡中郎**",流露出对人生无常而人死后只能听任后人任意评论、甚至歪曲的感慨。

那几年正是抗战胜利后发行"金圆券"的日子,货币改革不但没有能挽救国民党在大陆的统治地位,反而弄得经济崩溃、人心惶惶,直到天怒人怨。当教书匠的人每月领到发下的微薄工资,得马上去街边银元贩手里换"袁大头"(银元),才能保持一些币值,减少受通货膨胀的损失。青主是不会去干这类事的,这些事全由母亲和我去包办。旧社会的生活就这样在我们的记忆中留下了辛酸、难忘的烙印,但同时也留下了深刻的人生体验。

抵上海后,青主曾多次前往格罗希路(现称延庆路)旧址探访了他以前的德国妻子华丽丝和他们的女儿廖玉玑,后者的外文名字是 Leonore Valesby。此后,我们与她们不时来往,保持着良好的友谊,这在当时的中国人之间是难以想象的,可在外国人的生活现实中却是完全可能的,这不能不说是西方文化和人情的一项优点。青主有时也叫我一个人去代他送信。记得有一次我家实在入不敷出,于是青主写了一封信要我送给华丽丝去借钱,他并且亲口教我去到问好后要说的一句简短的德语是:"Einen Brief von meinem Vater"(我父亲有一封信)。华丽丝看完信后毫不犹豫凑了许多零碎钱,如数交给我带回,日后青主也如数地归还了她,这给我留下深刻的印象。我也曾与青主同去听过华丽丝在家里开的音乐会以及廖玉玑和交响乐队公演的音乐会,这时,她早已以小提琴独奏闻名中国,常在上海举行音乐会。青主与我在上海曾多次前往当时的兰心剧场和跑狗场听她和交响乐队合奏柴可夫斯基的小提琴协奏曲等。

附图10　廖玉玑在她举行的音乐会上。

　　有一次青主委托友人代为安排、组织她们母女二人前往南京、青岛等地旅行演出，事后华丽丝还曾将演出的照片寄给青主看。青主还与我一起去观赏过白俄作曲家阿甫夏洛穆夫（Aaron Avshalomov，1908—1965）在上海创作的歌剧《孟姜女》首次演出。当时我对音乐完全是门外汉，只懂得收听收音机里广播的外国古典音乐节目而已。后来当我爱上音乐，买了几本中文的视谱和乐理书自学五线谱时，好不容易才弄懂了十二个半音以及二十四个大小调的乐理，可是对于节奏、节拍却一知半解，唱起旋律来，节奏、节拍也不准。有一次，青主听我唱的拍子不准，就拿过谱子来教我怎么数、唱节拍，并且还以从华丽丝那儿拿来的那本很老的德国钢琴教材（Hahnel：Klavierschule），以其中的德国民歌旋律等为例，和我一边唱一边打拍子，尤其是对于附点节奏，这来总算把我教会了。所以，青主在这些方面也可以算是我学音乐的启蒙老师，虽然后来我学和声时他从未介入。他并不赞成我去专修音乐，而一心想我去继承他的衣钵教德语，但也从不系统、持续的教我学德语，这真是一大缺陷！

这几年间，虽然青主不像我那样迷上看英美电影，但是，也曾和我们一起去看过好些。他和一般人的口味迥然不同。英国拍摄的《亨德尔传》，别人看了说沉闷、乏味，他却十分欣赏。特别有一次和我以及几个表兄弟去看了美国电影《大逃亡》后，别人赞不绝口，他也不说使别人扫兴的话，可是，事后却悄悄的对我说："看电影得有一个正确的判断力。这部电影把一个逃亡的革命者描写得四处碰壁，只能借酒消愁地从酒水中得取幻觉的慰藉，这样去丑化主人翁，是一部坏电影。"这样的看法当时使我感到十分新鲜而不同凡响。现在回想起来，才意识到那与他自己的经历，并有着分明的爱憎和是非感密切有关。他当时并不向我的表兄、表姊们发表这样的看法，而只事后对我个别的说，很耐人寻味。当然，对于以肖邦为主角的美国电影《一曲难忘》以及描写约翰·施特劳斯的《翠堤春晓》等，他和大家一样十分欣赏，尽管明知那里面的许多情节是杜撰的，甚至不乏有所歪曲。

青主在同济大学任教期间生活总算有了保障，每月微薄的教授薪金也够我们三人糊口（我哥哥已在中央航空公司任小职员，可以自食其力了），这比起前几年来一直失业要强得多，生活也较安定，不用再四处迁居或逃难了。可是，眼见我们整个国家和社会虚弱、腐败、混乱和不断两极分化，自己满腔的报国和革命热情始终得不到发挥和实践，所以，心情仍然谈不上舒畅。1947年，他在致胞弟辅叔的信中写道：从他这时写下的一首词中"可见我心情恶劣"：

念 奴 娇

夜来无寐，看寝门自启，死神来降。自古有生皆有死，到此有何惆怅。待赤条条，径随君去，还我本来相。死生一耳，算来何得何丧。一阵死气沉沉，齿牙相击。做出人声响。"生我无贪死无惧，辜负我来相仿。不便同行，听君自灭，这可憎模样。"掉头竟去，窗外一声鸡唱。

这首词作充分显示出青主作为一位善于融中西于一炉的诗人的诗风：它的形式完全是中国传统的古诗词，而它的内容却已显然在很大程度上西化了。青主毕生最喜爱、最推崇的德意志诗人就是海涅（H. Heine，1795—1856），受他的诗风影响很大。海涅毕生不信奉宗教，诗中虽经常有死神出现，而那死神或是拟人化的形象，或仅系一种寓意的象征。青主在这首词作中也借助死神的出现，来抒发自己对人生的厌倦和对人世的绝望，同时也用以表达自己对个人生死无所畏惧的心态以及达观的老庄思想。最有意味的是：最后竟以死神为他无惧于死的精神而深感自己无能，反而掉头竟去，体现出人一旦无私无惧，一切也奈何他不得的精神境界。青主对这一首词作十分得意，我在家中经常听他提及或朗读过。

这几年间，青君往日的画友、著名的国画大师申石伽先生经常来我家作客，除与青君一起叙旧和作画外，也曾与青主作诗唱和。例如青主作有念奴娇一首：

念 奴 娇
1947 年

妆台伺处，正博山燎绕，香烧心字，报道先生双鲤到，商略词坛韵事。一事无成，满身是胆，果也狂生耳。

> 是真有幸,新来得见君子。问君有甚情怀,名场角逐,姓氏留青史。一样思君无可说,倚遍栏干十二。五岳扶摇,沧洲笑傲,浩气吞天地。豪情逸兴,不才何克当此!

这首唱和的词作绝非等闲的应酬之作。尽管青主与申石伽先生的交情远不比青君与他的故旧之交,但也通过这首答谢、唱和之作抒发了自己的豪情:哪怕"一事无成",也仍然"满身是胆",尽管说自己"不才何克当此"地对待申先生词作中的赞词,尽管自己生不逢时,却依然"浩气吞天地"。青主的词作一向追随苏东坡、辛弃疾的豪放派以气概宏大见长,此作也不例外。

这几年间,青主的胞弟辅叔在常州的音乐院少年班任教,不时也来上海相访。他作有五律一首:

> 避俗亲童稚,荒城动管弦。
> 问名渐本业,弹指惜华年。
> 寂寂安穷巷,涓涓淌大川。
> 骚怀今异昔,要变两当轩。

按《两当轩诗集》是清朝诗人黄仲则(1749—1783)的诗作,黄系常州人。青主也作有和诗一首:

酬辅叔三弟原韵
> 守定琴中趣,无弦胜有弦。
> 蹉跎见仁智,珍重大知年。
> 起舞吞残月,行吟感逝川。
> 隐居行我素,耻看鹤乘轩。

这首诗除了勉励胞弟之外,也有针对自己的意思:这时的青主在同济大学执教,实际上就是"隐居",可是他也仍然我行我素地不改当年自己的抱负,期待着有朝一日能重新有所作为,这就是他一贯满怀出世与入世的矛盾,总不能将自己从人世、尘世的漩涡中彻底的拔出来的明证。

除了这类诗词外,青主一如往常的有时也写打油诗自娱,可惜他在各地和各个生活阶段中所写的打油诗能留存在我们记忆中的更少,只有两首多亏我三叔的好记忆力才能留存了下来:

即 景 对 作

庭院无粪缸,只闻小便臭。
大学最自由,随地可解手。

春日好太阳,高照读书窗。
窗下何所有,马桶列成行。

这两首打油诗并不夸张,它记述的确实是当时我们在上海四川北路底同济大学宿舍中生活的即景。当时的教职员工宿舍哪有什么抽水马桶的卫生设备,每家每户只拥有斗室一至二间,连厨房也没有。除了在室内,就只能在室外的过道里放个炉子烧饭。上厕所更得走到另外的地方去。这一排排的平房并未建有厕所,所以或用铁制的痰盂,或用木制的马桶。由此可见当时的教书匠艰苦的生活条件和卫生条件。这两首打油诗也对我国一般人不讲卫生的坏习惯进行了讽刺。

随着抗战的结束,国共合作的局势很快也就改变,并且逐步发展为激烈的内战。整个国家和社会本来就已百孔千疮、哀鸿遍野,现在加上内战的发展更使得人心惶惶。这时整个上海甚至整个中国,但凡有正义感的人,尤其是知识分子,无不对社会上不断加剧的贫富两极分化以及政府贪污腐化的现实极度不满。当官的腐败透顶,当老百姓的民不聊生,谁能不为此深感绝望?!这时,我在同济大学附属中学念初二时,连教公民课的那位先生也竟胆敢在课堂里公然宣讲"穷则变,变则通"的道理,期待着"变天"。青主当然更不仅于此,他一向具有鲜明的反蒋政治倾向,对国家、对老百姓的命运一向念念不忘,所以对内战的战事发展十分关心。他特地订阅苏侨在上海办的中文报纸《时代日报》,尤其对报上定期刊登的"战事评述"一栏,详加阅读之余还向我们进行复述和分析,从而使得我也曾多次前往卡德路附近的时代书报社,购买了不少其他苏联人出版的书刊来阅读,包括高尔基的俄语对照的小说,尽管我当时曾自学的俄文水平根本不可能看懂原作。

当时的上海,尤其是经过"金圆券"发行引发的巨大经济波动和生活波动之后,从经济到政治、从生活到思想都早已不能再平静下来。尽管在表面上仍然灯红酒绿、纸醉金迷,可是实际上已像蕴藏着火浆即将爆发的火山,一切只是时间问题了。那几年学生们闹罢课,后来更展开"反饥饿、反内战"、争民主的运动,这当然引起青主的同情,虽然他并没有直接介入。我作为同济大学附中初二的学生班长,每逢各班学生代表开会表决是否继续罢课时总举手投票支持,从而那一学年由于不断罢课而难以正规地上课。

1948年,李济深先生公开在香港组织了"国民党革命委员会",公开地举起了反蒋的大旗。紧接着,他就派一个姓叶的成员秘密前来上海找青主,委任青主为该委员会在上海的"委员会主任"。虽然青主已多年未曾与李济深联系,更没有直接参加他刚在香港组织的国民党革命委员会,但凭借他们二人之间经久不变的旧交和共同、坚定的政见,他们之间就能这样彼此信赖。青主为此深感兴奋,当即与叶姓者商议如何进行工作,分头去做。如今我只记得青主干过这样两件事:一件是把当时在中央航空公司任营运组主任的二弟仲爽找来,劝说他转向革命,尽量设法保住飞机不飞往香港、台湾,留在大陆迎接解放。仲爽二叔当然听从大哥的劝说和指使，并且表示他和国民党的淞沪区警备司令部里的某掌权者有关系，如果大哥出了事或有了危险，他可以去代为活动。他们兄弟二人平时往来不多，但遇到紧要关头总会相互帮助的。仲爽二叔入航空公司工作多年，归根结底也仰仗青主以往在航空公司的地位和经历，同样，许茹香先生也系经青主介绍，自抗战后期进入该航空公司任秘书、后任机要秘书直到1958年逝世。青主哪怕再穷也很少向胞弟开口借钱，可是有一次却打破了惯例：青主听我母亲说她少年时代的好友胡婉宜极有才学，从小诗词歌赋出口成章，现住北平。青主一生最爱才，听说有这样一位罕见才华的女士，极为仰慕。这时虽没有见过面，但青主与胡婉宜已有过一些书信和诗词唱和的来往。当他接到胡婉宜来信说当今局势紧张，物价飞涨，不得不常去排队买米、买菜时，他就不让妻子知道，擅自写信给胞弟仲爽，要他看大哥的面子，请航空公司北平站派人送三百元美金去给胡婉宜。胡事后来信告知已收到并致谢时，我母亲才得知此事。她埋怨青主：第一，我们自己穷成这个样子，也从不向仲爽二弟开口要钱，怎么你竟为了支援一个面也没有见过的人去向二弟开口?！第二，这样做会使根本从而见过面的胡婉宜丈夫莫明其妙：一个素不相识的人怎么会这样慷慨?！可是，青主先斩后奏，现在木已成舟还说什么！由此可见青主与仲爽二叔的关系。所以，策反工作，首先就通过仲爽二叔去做。

第二件事是我同母异父哥哥乃仁在八步认识的朋友张振华写信来说：他入了国民党的军官学校，现已毕业，却还未找到工作，眼看可能被派到前线去打仗。青主得知后，立即叫乃仁写信给他，叮嘱他千万不要去前线打仗，不如前来上海，可代他设法安排工作。张振华这时也不想去前线送死，因为腐败的国民党军队正在前线节节败退，再现代化的美式装备也打不过解放军的"小米加步枪"。张来到上海后，青主找他谈话，告诉他：不去打仗送死也有利于今后共产党来了,自己没有这段反动的历史。但是,目前在上海不可能为他找到好的工作,只能托仲爽二叔把他安排在中央航空公司上海站在龙华的一个宿舍里当管理员。一个国民党的军官、军官学校的毕业生就这样宁可去当宿舍管理员,也胜过去前线为国民党送死。从这个例子也可以看出青主"策反"的处心积虑。

事隔不久,青主得知那个姓叶的人竟在上海找了一些大资本家等胡说什么迎接解放,可以通过给他多少钱就能保证解放军来了以后平安无事等等,这可把他急坏了,怎么能允许有这等事发生?!他立即决定前往香港向李济深当面汇报。于是,他一个人乘飞机经广州去香港。怎知当他到了香港,李济深已去解放了的石家庄。不久,北平又和平解放,李济深又随中共中央机关抵达北平。尽管不知道李济深的地址,但这时已得知担任北平市市长的是叶剑英。青主就从香港发了封电报给"北平市市长叶剑英先生收转李济深先生",果然电报被收到了。李济深当即通知在香港的青主,可去驻香港的新华书店联系,由共产党的统战部给他船票前来北平会面。经联系后,据接洽的人说:当时在香港负责文化界统战工作的夏衍先生得知此事后,表示他在"大革命"时期即认识廖尚果这个"多才多艺"的左派。于是经青主提出,得到统战部同意:让他把家属也从上海迁来香港,全家前往北平。

这时我刚在上海发麻疹病后,只念完了复兴中学高一上学期,就卧病在家,得知能与母亲同往香港去北平,异常兴奋。这时的上海早已是"山雨欲来风满楼",危机四伏,人心思变。我的哥哥乃仁已在中央航空公司上海站当小职员,就留下不走了。我与母亲只能带少量行李乘飞机赴香港。我因大病初愈,眼睛怕风,眼睛上带了副很大的防风罩上飞机时,引起了机场搜查者的怀疑,特别把我拦着,浑身搜查,这才使我顿时慌了起来,想起行李包里带有我那本小黄封面的所谓日记,内中有指名骂蒋介石、为青主叫屈的内容,并写道决不忘父亲的仇人是蒋介石等字句,而且后面还写上一个"秘"字。如果搜查行李,翻出这个本子来看到,可真不得了!幸亏那个搜查者只搜身,未翻行李,待我顺利的上了飞机,才像一块石头从心里掉了下来,真是一场虚惊。这只能怪我年少不懂事,把那本日记带着干啥!

我们在香港住在很远的郊外青山,是大德书院的进步教师李显仁先生把房子让出来给我们住。当时青山地区还很冷清、偏僻,买东西也不方便。房子在山腰上,烧饭也得走上走下的去厨房,这引起了青主的许多回忆,他告诉我们:当年他两次从广州来香港避难,也是住在别人的空房子里,烧饭也得自己动手,而且离房有段距离,他烧好饭菜就得一手提油灯,另一手同时拿碗、端菜,好不费劲。事隔二十多年,想不到这次又来到香港。可是这次大不相同:不仅不再是避难,而是投奔光明,不再是孤身一人,而是全家来到,马上要去解放了的北平,这和当年四海茫茫欲何知的境况简直有天渊之别。所以青主这次在香港异常高兴和兴奋,不仅自己买了许多新华书店用劣质纸印的书,如艾思奇的《大众哲学》、毛泽东的《在延安文艺座谈会上的讲话》等来读,而且还一定要母亲和我也阅读,谈起话来,他也判若二人似的,开口闭口"唯物辩证法"、"思想改造"等新名词全给用上了。在留学德国时,他已曾接触过马克思主义的论著,在"大革命"时期更读过许多有关马列主义的书刊和文件。这次,连王亚南等翻译的马克思《资本论》三大卷,他也买了,并且一直带到北平去。

好不容易等到统战部的船票到了,我们搭上一艘外国海轮离开了香港,这次是我第二次与父母一起乘海轮。和上次由广州去上海相仿,船上挤满了乘客。不同的是,这次船上主要是统战部安排的乘客,大多数是中国文化界的人士,有从香港当地去的,也有从大陆经香港来的,许多还是知名人士如王亚南等,当然还有不少大学教授,也有刚从美国留学归国的青年等。和上次一样,青主坚持睡甲板,不肯下统舱,为的是可以呼吸新鲜空气。船一进入大海,我与母亲就又晕船了,睡着爬不起来,而青主却毫无反应。开始几天过得挺愉快。统战部负责这次大批人马领队的十分亲切、周到,组织工作做得很好。在一望无际的碧海上,望出去十分壮观。当风浪平息时,青主雅兴大发,面对着大海产生联想,首先教我唱了普契尼《蝴蝶夫人》中著名的咏叹调《晴朗的一天》。这首脍炙人口的咏叹调旋律当时对我说来还是陌生的。父亲不但向母亲和我讲述了《蝴碟夫人》的剧情,还教我们唱会了这咏叹调的第一部分。剧中的蝴蝶夫人唱时,不也是凝望着大海,在等待和盼望她的美国丈夫早日乘着海轮归来吗?我们现在也正面对着大海在学唱它。此外,青主还同样完全凭记忆,教我学唱舒伯特的歌曲《在海边》,这次是例外:没有用德文唱,而用中文,因为是他旧日的译文。他告诉我:当年他在上海 X 书店出版活页的歌曲,特别译配了这首歌曲出版。海涅优美的诗篇经青主十分传神的翻译后,显得既有意境的深邃,又有词藻的流丽,既保持着西洋抒情诗的精神,又富有中国诗词的韵味,非一般译词可比:

> 海水苍茫,映着斜阳,
> 荡漾着万丈霞光。
> 我和我的爱人并坐渔庄,
> 情脉脉,俏无言相向。
> 迷雾渐升,海潮乍涨,
> 白鸥相与上下来往。
> 忽无端从爱人美目
> 流下了珠泪行行。
> 啊!望着她的泪珠流淌,

> 我不禁拜倒在地上。
> 我匍匐着从她素手
> 把泪珠载吻载尝。
> 自从那晚,我神魂俱丧,
> 挨尽了爱的苦况,
> 我被那恶冤孽的泪
> 毒透了我全付心肠。

他面对海浪澎湃、海风呼啸,一句句地教我唱,我也忘了头晕,一句句地学唱。触景生情,我仿佛与他果真置身于渔庄,此情此景至今仍历历在目,尽管这已经过了足足半个世纪的岁月。很幸运的,解放后我在上海旧书摊上意外地买到了当年 X 书店出版的这份活页歌篇,一直如获至宝的收藏着。可是,这份历史的文献最终也被"文化大革命"、"破四旧"的火焰吞噬了。我怀疑今后是否有可能在上海市图书馆重新找到它。

就这样,我们的海轮驶达了南朝鲜的仁川卸货、装货,然后再往我们的目的地天津开发。好不容易船靠了码头,我们不再头晕了。虽然不能上岸观看一下这异国风光,但从船上望望码头上的人们在奔忙,也怪有趣的。怎知突然间,统战部的领队同志跑来通知青主:马上拿着他一个人的铺盖搬下统舱去,弄得我们莫明其妙。青主去后一夜未归。第二天天亮后,他才回来对我们说:原来是得到了地下情报,说驻仁川港的美军要追捕船上一个姓廖的,由于拼音的关系,是否"廖"这个字不能确定,为了安全起见,所以要青主搬下船舱去睡。他说:昨天一夜好紧张,他哪里睡得着,统战部的几位同志可真不错,彻夜围着他未睡,高度警惕,以观动静,并且对他说:如果美军真敢上船来捕人,他们也有美国侨民在北平的,我们也不会对他们客气的。他们又追问青主在上海做了些什么事,以致美军会来追捕他。青主就把李济深委任他当"策反"主任的事说了，他们也说：奇怪！这怎么会使在南朝鲜的美军要来追捕他？！这可使得母亲与我焦急万分，恨不得马上开船，离开这个不祥的仁川海港，可是船却迟迟未开，也不知何故。青主接着又下了船舱去。好不容易才盼到了轮船起锚，然后青主才满面笑容地回到我们身边。这来放心了，船已离开仁川。据后来统战部的领队同志来说：原来是弄错了，那情报有误：是美军拟上船来追捕一个朝鲜的地下党人，不知怎么把他的姓拼成和廖字差不多的音了，而姓廖者寥若晨星，以致青主又一次遭遇到这一场虚惊。可是，事实上美军也并未上船来逮过朝鲜人，真是莫名其妙。

　　船抵天津后，还沿着那么长的海河行驶了许久，但这时船已平稳，我早已爬了起来，站在甲板上观看两岸许多老百姓在向我们船上的人挥手。看来刚解放了的天津一带的老百姓也知道我们是从香和"蒋管区"来的，正在欢迎我们的到来呢！

　　经天津去到北平后，一直由统战部招待大伙住在一般的小旅馆里，并去指定的饭馆吃饭，一切实行"包干制，"分文不取。大家也已把带着的外汇换成新发行的人民币，但是还没有花钱的机会。

　　抵北平后，青主去拜访李济深，李对他说：不久就要召开人民政治协商会议，一切等开完会议再说，他嘱咐他安心等待。不安分的青主尽管这时吃住均受到招待，并无任何忧虑，但他已忍耐不住了。通过找了在北平唯一的友人胡婉宜和她的丈夫张子善，由他们介绍，在离他们家不远的东四礼士胡同53号一个大院内租下了几间房间。我们就这样主动、自愿地离开了统战部的招待所，从此自己管自己了。青主一辈子就喜欢过自由自在、无拘无束的生活，所以会迅速、主动地放弃那样"包干制"的集体生活。

　　那是一个相当宽大而且美丽的院子。屋主是天津的一个资本家,也住在院内。我们第一次在北方生活,饮食起居与生活习惯都和南方不同,人的性格也不一样。青主又去找过李济深多次,也了解到他现在的状况:他说共方对他很好、很重视,成立人民政府后会安排他任重要职务的。青主去不远的东安市场,发现了旧书店中有许多德文书,大约是以前在北平的德侨留下的。他买了许多回来:既有他当年曾拟作为蓝本,为商务印书馆编写《德意志文学史》的比截(Biese)的三卷《德意志文学史》,还有成套24厚本的Meyer Lexikon(大百科全书)和莫塞尔(Hans Joachim Moser, 1889—1967)写的《音乐史》等。整三轮车的德文旧书就这样被拖了回来,我也兴致勃勃地帮着"卸货"、搬运。虽然当时我的德文水平还远远看不懂这些书,但这些书里有很多图片很吸引我,如大百科全书中的插图,尤其是作曲家们的肖像。

有一位新结识的友人要去参加学习班,把一批78转的古典音乐唱片连同一架手摇的唱机交托给我们保管。这对我们说来可是一大喜事,青主也爱听这些唱片,我更是就此仿佛来到一个新的天地。前几年在上海,虽然也和青主一起有时收听上海广播电台播放的西洋古典音乐,对贝多芬的《月光奏鸣曲》、约翰·施特劳斯的圆舞曲、一些肖邦的作品也深感兴趣(尤其是因为青主曾带我去国泰电影院看过以肖邦生平为内容的美国影片《一曲难忘》),但是从未能如此反复多次地听同一首乐曲。由于在上海出麻疹后我的视力一直不佳,所以不能多看书,而听音乐不用视力最好。青主对我不断放唱片听有时嫌吵,我就把唱机、唱片搬到房东的后院露天树下去听。尽管我当时对音乐仅一知半解,但贝多芬《田园》交响曲和《命运》交响曲等顿时为我开拓了一个新的精神天地,钢琴的音乐更扣人心弦,深深地吸引了我,以致几个月后,我不仅不断去东单露天广场的旧货摊上买回一些78转的唱片,而且完全迷上了音乐。在这之前,我最崇拜的是莫泊桑的短篇小说,以当一个文学家为终生目标,这一下可将自己的志向全然改变了:学音乐,当作曲家!当时,我曾写有长诗一首,开宗明义地写道,"我迷了音乐,爱了钢琴",最后以"改造民族魂,处处飘乐音"结束。青主对我这转变并无直接影响,而完全是我听唱片所致,但归根结底,还是他对我从小的潜移默化和音乐熏陶才会使我从量变到质变地有此转变。

1949年5月,上海解放了。同济大学的德文教授房仲民先生来信说:同济大学校方得知廖尚果教授已去到北平,表示仍希望他能回校执教,房教授也劝青主回去。这来可使得青主剧烈地思想斗争。他反复的与我母亲商议:到底是留在北平跟随李济深干事呢,还是返回上海当教授?这时我已十六岁,也参与他们的讨论。最后,青主与我母亲做出了决定:重返同济大学教书,因为青主认为:自己干了一辈子革命,如今蒋介石已被赶走,大陆已经解放,跟从李济深的人很多,自己和他们很陌生,也不一定合得来,而且天下也不是李济深打下来的,还不如回上海教书,那是凭自己的真才实学工作,而不是凭关系和交情。可是,怎么去对李济深说呢?于是,青主和我母亲商议好,就让母亲作"恶人",推托说她不习惯北方的生活,坚决要回南方去。接着,我们全家三人一起去北京饭店找李济深,表明了回上海的决心。李听后很不以为然地说:怎么连几个月也不再等?等开了政治协商会议,他有了职务,肯定可以安排一切的。经青主、青君再三解释才获得了李的勉强同意,让我们回上海去。为此,在1949年10月1日中华人民共和国成立之前,我们已回到了上海。

上海是我的出生地,也是青主"亡命乐坛"的旧地,更是我母亲从小生长的地方。自1946年从广州迁来居上海后,我们已习惯了上海的环境和生活。现在回到了上海,这里已不再是到处买卖"袁大头"的景象,我们也可以就此高枕无忧地过日子了,好不快活。

返上海时，青主曾填有一首词，表明自己决定从北平返回上海的经历和心愿：

摸 鱼 儿

探春回，灯飘珠箔，窥人明月窗外。寻常一样双栖愿，不比今番心爱。春常在，最苦是春来春去朱颜改。心惊罗带，叹空自多情，相怜无分，一任人偷解。君知否？新样风流宗派，相思徒把人害。落红不尽春泥怨，赢得百无聊赖。休感慨，尚容我抚弦，遥向榴裙拜。有何期待，愿似海朱门，雪肤花貌，岁岁增光彩。

（九） 解放后重返讲坛

（1949—1957）

返抵上海后，不久即宣布同济大学的德文系并入复旦大学外文系，于是，我们又由同济大学四川北路底的校址，迁居到离市区更远的江湾复旦大学宿舍国权路上的嘉陵村七号。

青主初抵复旦，德文专业只有他唯一一位教师任教，从而他什么课都教，除文法、阅读等以外，还开设德国文学的课程。他当时虽然已56岁，但身体仍很好，再多课时也能胜任。尤其是现在教书不同往昔，可以听凭他坦言一切了。于是他十分勤奋地备课，并自己用打字机和复写纸打印讲义（当时根本没有复印机），分发给为数不多的几个学生。他选了不少德国流亡作家（希特勒统治下流亡国外的进步作家），以及后来成立的民主德国作家的作品作为教材，还曾翻译过一些革命作家、包括1949年后担任民主德国文化部部长的贝歇尔（Johannes Becher, 1891—1958）的诗作，大约发表于《外国文学》的刊物上。作为由北平刚回来、从新执教的进步讲师，他在复旦大学德语组任教的这几年心情愉快、工作积极。学生不多，但几个年级的学生都和他关系很好。除上课外，学生们经常上他家中来求教、聊天，宛如一家人。青主工作起来，只要他愿意，是任劳任怨的，这时他兴高采烈、谈笑风生。新年时，曾自书对联一副，用红纸贴于宿舍大门两侧：

用铁锤打开世界，

　　把红旗插到天边。

　　评薪时，他被评为四级教授，对此他根本不去打听这四级是高是低，教了许多门课，超出工作量多少，他也不管。结果一两年后，财务科一口气把他全部的超钟点费发给他，这在当时可是一笔不少的钱呀！我吵着要买钢琴已很久了，于是，青主与我看报纸上的广告，去南昌路一家私人琴商处买回了一架谋得利牌（Moutri）的旧钢琴。我自从生以来家中未曾有过钢琴，青主也已几十年没有好好地弹过钢琴。钢琴运到后，几位同事听说，吵着要第二天晚上来听这位曾经当过作曲家的青主弹琴，这下可把青主急坏了。他已几十年没有弹琴，而且家中连一本正式的钢琴曲谱也没有，于是，他什么别的事全搁下，整天练起琴来。说也奇怪，他那双除握笔外经常在家干粗活的大手，弹起琴来仍能发出柔和的音响。完全凭记忆，他复习起当年他曾学会背奏过的格里格的《特罗尔特豪根婚礼进行曲》，经过反复回忆和试奏，总算全部弹得出来了。此外，他还经过回忆，自弹自唱起法国作曲家托玛（Ambroise Thomas，1881—1896）所作的歌剧《迷娘》（Mignon）中的咏叹调《君知是何处》。这首取材自歌德文学作品的名曲唱词，早在青主写的《歌德》中即曾刊有过译文，所以他很熟悉，他在家中也经常哼唱此曲。他在没有书谱的情况下，完全凭几十年前的记忆，自己伴奏、自己歌唱确实很不容易，可见当年他学得扎实。就这样，他勉强地应付了几位同事来听琴的"将军"，从此也就不再用功弹琴了，只偶尔一时兴起，弹十几分钟而已。他规定我每天可以练两小时钢琴（上、下午各一小时），多了他怕吵。他也就此充当我的启蒙老师。好在家中有从华丽丝那儿拿来的一本很老的德国钢琴教材，内中主要是一些德国民歌或古典乐曲选段的改编，我就这样半自学地练起钢琴来，与其说是学、练钢琴,不如说是陶醉在音乐之中,根本谈不上什么技术锻炼,因为青主只重视音乐表现,而从不讲究弹奏技术。

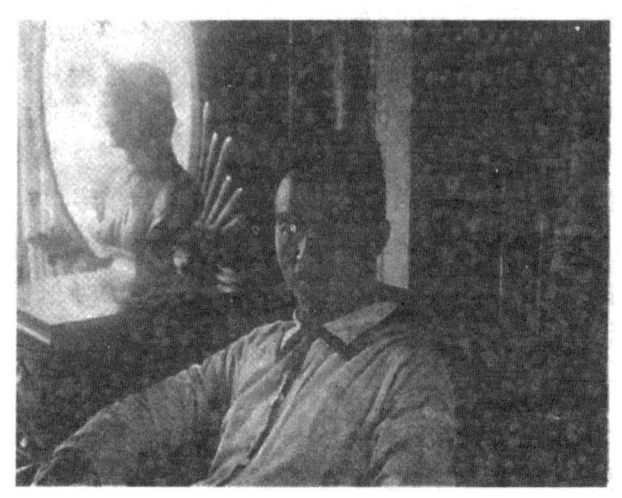

附图11　青主在上海复旦大学嘉陵村七号校舍中,1950。

过了一年左右,我家迁入到复旦大学另一宿舍徐汇村六号居住,那是日本人在上海时盖的宿舍,面积虽小,但自成一家,而且有自己的小花园,我还去附近野外挖起一块一块的草皮移种作为草地。青主主张我日后主攻德文,继承他们衣钵,所以我也常去旁听他的课,好在他的学生早已与我混熟了。

1951年,我不但练习钢琴,而且还在复旦大学统计系教授崔明奇先生指导下学习辛德米特的《传统和声学》。他是一位业余音乐爱好者,也会弹钢琴,并学过和声学。他家有许多唱片、乐谱,所以我经常去听唱片、谈论音乐。是他促成了我1951年投考上海音乐专科学校(当时名为中央音乐学院上海分院)作曲系。青主对于我学和声却根本不加过问,而只关心我进修德语。

我报考上海音乐学院,他既不反对、也不鼓励。他始终抱着这样的观点:我应当把音乐当作业余爱好,而不应当作为毕生的专业。结果我被录取了,进入作曲系学习,对此他也无所谓。想不到入学没有多久,全院师生就开赴皖北参加土地改革的运动。全校停课一年使我感到惋惜:好不容易进入音乐院学习音乐专业,这么快就全部停课。下乡并参加土改运动,我并不怕吃苦,我也明白土地改革使"耕者有其田"、使农民彻底翻身的伟大意义,可是我对于这样长时间停止音乐学习十分惋惜。

1951年冬,我在皖北参加"土改"时,曾收到青主用德文写给我的一封信,它偶然的被夹在一本书中,从而一直保留至今,这也是我如今保留下来的唯一一封父亲的信,我把它全文翻译如下:

我亲爱的孩子:

你应当想收到我用德文给你写的一封信吧。我意识到你现在得承受怎样的艰苦和短缺。可是,精神上的收获却会弥补一切的。不论你最初一段时间不得不承受的无事可做,或你现在必须尽力去完成艰巨的工作,这些对你都只会是有用的。我相信你已经成长为一个真正的小伙子了,诚然,你一直是聪明的,可是,单靠聪明是不能充分发展的。你必须学会系统的工作,也就是说:要有毅力和耐性。你发展得愈远,就愈将清楚地看到:你还缺少多么多的知识,并且用正确的方法去工作是多么重要,我想现在你已确信不误:对一切作为和舍弃,都必须打下正确的世界观基础,而这就是辩证唯物主义的世界观,它教导我们向一切不良的社会状况作坚决的斗争。

你作为音乐院的学生有机会去参加土地改革,你已经获得了最初的成果,别人也许会想:这会耽误了音乐学习。我希望你不会这样认为,你能够十九岁时参加这场反封建主义的战斗,真应当感到自豪。这事实上是千金难买的,还说什么音乐学习。如果你也这样认为,我就希望即使你在未来也不会抱怨音乐学院的。

考虑到你必须克服的困难,我在这里想引用列宁的一段话,他能够有助于你铭记在心:

"如果这些同志们……一点也不能学会去克服今天这样小的困难,那么,可以肯定的说:他们要就不能去实现无产阶级专政,不能广泛地战胜和改造资产阶级知识分子和资产阶级机构,要就必须极其匆忙的去补学这一切,而由于这样的小匆忙会对无产阶级的事业造成重大的损害,犯比通常更多的错误,比平时更多地显示出弱点和无能等。"

因为我期待你真正地聪明能干,所以我希望你决不会令我失望。"那末,我也真的值得我的亲人那样爱我吗?"我相信,这个艰苦的问题将有助于你不断改善。时代不停歇的向前迈进,你必须无条件地和它保持齐步的前进。

你大概也知道:华东地区的思想改造运动即将展开,我将尽力进行自我教育和改造。我也同样希望你如此。

永远爱你的父亲

这就是一封反映青主当时思想状态的家信。我去皖北参加土地改革运动,对于这场反封建的战斗性质是有所认识的。所以,虽然不无对自己刚进学校就耽误了专业学习有所惋惜,但仍能愉快、积极、热情的参加,当时还根本不能预料到这次不过仅仅是一个开端,紧接着将是一个运动接着另一个运动几无间歇的展开,直到1958年我毕业。扪心自问:我在音乐院为时七年的学习时间不能算短,但是自己实际上又学到了多少专业技能呢?!"白专道路"一直是我以及许多知识分子自我检查和批判的主要内容,对于这一点青主也深有体会,只是这时尚未能预见而已。

青主大半辈子在动荡的政局中度过:从小,他对旧中国封建主义的种种压迫和恶习不仅深有体会，而且更有决心去消灭它、推翻它，所以他会以那样小的年纪投身到反清的革命运动中去，整十年在欧洲，通过种种鲜明的对比使他更意识到封建主义的落后和罪孽，从而回国后再度投身如火如荼的北伐"大革命"风暴之中，几次险些掉了脑袋。此后又由于他"反蒋"的政治倾向使他二十余年颠沛流离，遭遇到种种打击和不幸，好不容易盼到"蒋家王朝"的覆灭，他当然有一种深深的解放感。所以在50年代初期，他经常会在家中说："我几十年忧国忧民，自己经常担惊受怕，现在总算可以高枕无忧了。"

可是现实中是不会没有矛盾的。很快的，他在现实中就遭遇到新的打击和不愉快。1952年，学校中展开知识分子的思想改造运动，虽然并没有将他列为重点，但也使他有所触动并感到伤心：由于他对学生过于视若亲人，从而在"思想改造"运动中受到了非议，认为那是他在"拉拢学生"。那几个年级的学生们中有不少也不得不站起来"揭发批判"他的言行。这不仅使他感到意外，而且痛心，从而意识到：今后对学生再也不能那样随便、那样视若自己的子弟。从此，他再也不主动的带学生上家里来了，也不再使学生们把他的家当作仿佛是自己的家。"思想改造"运动中，每位教师都要"自我检查"，不仅在小组内口头检查，更要向学校的党组织写一份自己毕生的履历。他本来以为自己一贯是左派并且积极的反蒋，这来在政治上可以高枕无忧了，可是并不如此。他知道"思想改造"是人人都必须进行的事，何况自己一辈子没有参加过共产党，在国民党统治下"闹革命"，又不曾投奔去延安，所以就没有什么"革命"或"进步"可言，从而应当对自己的过去进行严厉的批判才行。所以，对自己干过的每一项职务都要尽可能从批判的角度去写、去"交待"。他这大半辈子担任过的职务太多，干过的事也千头万绪，平日里茶前饭后，尤其是酒后和亲人、友人或自己的学生们闲聊起来挺容易，今天要拿起笔来按年代写出作为"交待",就很不简易。他花了几个星期才完成了这作业,一式两份,上交组织一份,自留一份。我只记得例如他对自己在欧亚航空公司供职写道:那是"与德国帝国主义分子合作,出卖祖国的天空"。作这样的"认识"和"交待"比较容易,当写到抗战期间曾在重庆国民党中央组织部担任过专员时,可把他难倒了:这可不是一般的"认识"、"批判"和"交待"能了事的,仅从表面上来看,有那样的经历和职务可算得上是"历史反革命"。事出无奈,他只得修书两封,一封寄给这时已担任中央人民政府副主席的李济深,请他写封证明信:证明是他同意去担任那个"专员"的,同样,也是他在1948年派人来委任他从事"策反"工作的等等,另一封是写给这时已被授予中华人民共和国十大元帅的叶剑英,请他证明自己在北伐期间的作为等等。尽管1948—1949年之间在北平时,叶已任北平市长,作为几十年的故友、北伐时期亲密的战友(当时在第四军,叶任参谋长,廖任政治部主任),青主也从未曾想到去拜访他,这是因为青主毕生最怕去拜见当大官的友人,相反的1942—1943年间,叶作为共产党代表从延安来到重庆,青主却敢冒天下之大不韪,私自邀请叶到自己的寓所密谈。可是,现在搞"思想改造"运动要交待自己的毕生的履历了,这就不得不迫不得已地写信央求叶为他写一封证明信。这两位故人果然不负青主的期望,很快的将亲笔证明信寄来了。记得李济深先生用方方正正、一丝不苟的字体写的证明信中写道(大意):是我当年要他去重庆国民党中央组织部担任专员的,后来他擅自辞职,我还曾责备过他不应当那样,因为我们正需要有我们的人在那样的部门工作。这一证明可使得青主如释重负,将那一项"反革命"经历一笔勾销了。叶剑英的证明信的具体内容我已经不记得了,只记得青主收到他的信,读后曾深表感慨,感激故人的友情:几十年的岁月和从未联系过的隔阂也丝毫没有损及对故友的充分信赖。这两封证明信也是青主与李济深和叶剑英这两位先生在解放后唯一的一次书信交往。于是,青主把两封证明信亲自交给复旦大学外语系党支部,而自己却连抄一份留底也没有做。事实证明:经过调查核实后,这两封信果真保廖尚果顺利的度过了"思想改造"运动,不仅如此,而且在此后的七年中也让他能平安的度过了历次政治运动,得以安享他的晚年。

1952年,青主教的一班学生毕业了,其中一名毕业生虞孝蓉竟和他的儿子谈了恋爱,日后并成为了廖家的媳妇,而且几十年来证明是一位好媳妇,这给青主带来了莫大的喜悦和慰藉,他不无感慨万千地多次向妻子、儿子说过:"看来我半辈子教书,最大的成果是教出一个儿媳妇!"

附图12 青主和儿子廖乃雄摄于上海,1952年迁居南京前夕。

139

1952年大学中进行"院系调整",把复旦大学外语系的德语组并入了南京大学,于是青主立即迁家去南京。最初,被分配在小仓山坡上平仓巷七号一幢旧洋房中居住。那是一所有很大园地的花园洋房,大约是解放前美国教授居住的地方,可是如今几位教授合住在一起,青主只分住两个房间,生活起居均难以独立,从而深感不适,但也无可奈何。

50年代初的南京虽然曾经作为国民党政府的首都,却没有一般大城市的缺点,而依然绿树成荫,给人以安静、悠闲的感受。南京不仅是六朝故都,并且是包括明朝在内总共十个朝代的首都,遍地是古迹、名胜,使青主大发思古之幽情,经常独自或与家人一起去各处凭吊,尤其是玄武湖的自然风光更是让他经常流连忘返的地方。

1952年夏,我们迁居南京后第一次去玄武湖泛舟时,那里是这样的幽静,湖面上密密的荷丛使人行舟都有困难。小木船边擦着挺立的荷枝、荷叶行驶,发出沙沙的声响,那扑鼻的荷香使人陶醉。记得划船的舟子在荷丛中几经周折才把船划到彼岸,他中途靠岸系舟,要我们在舟中停留片刻,容他返回家后再带领我们继续游湖。他的家隐藏在芦荡后面的树丛中,四周几无人烟,使我顿时回忆起青主从小教我念过的诗句:"家住江南黄叶村"。如今二十一世纪的玄武湖上哪里还有这样荒僻的所在?这也曾使我当时对这舟子无限羡慕的心情油然而生:倘若我能是这舟子,不仅能永远在这玄武湖上流连,不需要开学即返回上海音乐学院攻读,并且能继续和我的双亲常相伴,不用分离,那将是何等的幸运!我自从出生起从没有离开过双亲,近二十年来一直和他们生活在一起,在重庆歌乐山第一次上小学时就由于舍不得离开他们(哪怕只是一天、半天),没几天就此辍学,父母也并不反对。1952年起双亲迁居南京才第一次使我和他们分居两地。青主曾多次半开玩笑、半认真地对我母亲和我说过:他读过一位德国革命作家的书，书中写道（大意）："一个美好的家庭往往会是一个人投身革命的障碍和阻力。"他说：看来对我来说也正是那样。事实上确是如此：自1951年9月我考入上海音乐学院后，由于校址离我家（复旦大学宿舍）很远，所以必需寄宿，只有周末才得以回家。每到周末，我急不可待地离开学校，非要在家呆到星期一一早不肯返校。如今家迁南京，使我与双亲分居两地，我很不习惯。

平仓巷坐落在小仓山上，正是清代大诗人袁枚（1716—1798）的故居随园所在地。青主对讲求"性灵"的袁枚的诗作和诗话一向爱不释手，直到他1959年在上海病逝后我回苏州料理老家，还从他的卧床枕下翻见一卷《随园诗话》，那正是他毕生最后的读物。由此可以想象：青主如今住在小仓山上，不息地在山坡上下行走，思古之幽情是多么深切！刚抵南京不久就是中秋佳节，我陪双亲坐在平仓巷七号楼上卧室的地铺上（因为从上海托运来的那两张铁床还未运到），一起吃着南京的月饼，仰望着窗外小仓山上那一轮圆满的明月。过不了几周，我必须返回上海，因为上海音乐学院马上要开学了。依依不舍地首次离开双亲时，清晨的天色还未显现鱼肚白，母亲已送我走下小仓山坡，来到公共汽车站等候开往下关火车站的班车。也正是在离家的第一个学期内，我已迫不及待地在放寒假之前撒了一个谎，向学校请了一个星期的假，事先不通知双亲就直奔南京，乘坐的是沪宁线的夜车，虽然是慢车，站站要停，但是可以在傍晚上车，天亮前即可抵南京，所以归心似箭的我当然要搭乘这班夜车。沿着僻静的平仓巷行抵七号家前时，这时路上一个行人都没有，唯见当时路旁有许多大树和几座坟墓，呈现出一派萧瑟的景象。行抵家门前，我已能够听到父母在楼上对话的声响了。按铃后，母亲奔下楼来，打开门一看竟是她的儿子，第一句话就是"小雄，你怎么回来了呀？"于是，她和我一样，面颊上顿时为两行泪珠所润湿。青主见我回来，亲自为我去南京大学校门口摆的摊子上买回肉馅的烤饼来给我吃，然后少不得又携带着妻子、儿子"出游"——这是他在我每次回家后和我进行的主要活动，除玄武湖外，更步行到清凉山凭吊扫叶楼的古迹。青主告诉我：这是他最近发现的一条近路，从平仓巷走下小仓山，几个转弯就可以直达清凉山。一贯喜欢以步当车的青主就硬拉着不善于步行的妻子和归来的儿子一起作这次令人难忘的远足。青主为我们解释说：这座扫叶楼是清初画家"金陵八家"之一龚贤（约1618—1689）的故居。这位能自辟蹊径的画家于明亡后隐居于清凉山上，以作画和诗文度过余生，我们在扫叶楼上至今仍能看到他的真迹。那一天天气阴凉，游人极少，除我们三人外，仅有一桌喝茶的游人在议论和操练拳术。青主带领我们观赏楼上悬挂的字画和楼外的景色，兴致勃勃，来回步行也丝毫不觉得累，虽然这时他年已满六十，由此可见他的身体底子确实不错。倘若不患当时无法医治的肝癌，他是不会在六年后就去世的。

　　家迁南京后，我每逢寒暑假均必返南京与双亲团聚，不会迟一天离校，也不会早一天离家。1953年4月初放了几天春假，正巧上海音乐学院去南京演出，我也就得以额外地返回家几天，更喜出望外。1952年9月，我的情人、青主的学生虞孝蓉被分配到北京工作。此后的几年，每到寒暑假，她也从北京来南京与我会面，这对他们平日只能寂寞度日的老人来说是无可比拟的精神安慰。记得当我们几乎同日抵家后，激动得青主总迫不及待的在吃过早饭或最迟午饭后，就要拉我们一起"出游"，也顾不得我们长途跋涉坐夜车身体是否吃得消，而极度兴奋和喜悦的我们也按捺不住地欣然允诺。这种"出游"以往在上海是从没有的事：上海再繁华、再热闹，却从来没有吸引过青主拉着他的家人去凑热闹、逛马路，最多只有一起去逛公园和观看电影而已。他从未曾与我们一起去shopping（购物）过一次，他最怕人挤人地去逛商店。如今在南京，美好的大自然和遍地的名胜古迹成了吸引他与家人去共赏的磁场,尽管那些美景或古迹,他早已独自前往去过不知多少次,可是对他说来,会同自己的家人集体去观赏给予他的乐趣不知要大多少倍,这正如他经常引用并教导过我的一句歌德名言所说的:"没有比独自一人在天堂中更大的痛苦。"

这时的青主在南京,除老伴外别无亲人或知心的良友,所以每逢我与孝蓉返回,对他来说也好比节日一般地使他分外愉快。能与双亲一起去玄武湖、明孝陵等处漫步,并在饭店里一起品尝南京特产的盐水鸭、小肚子等佳肴,那样的幸福和温暖不论对他或对我们都是绝无仅有的。所以,不仅我日日数归期的盼望寒暑假的来临,他们也同样望断风尘地盼我们归去团聚。在这世上还有比这亲情更大的幸福和更深的情感存在吗?!

约一年以后,青主与青君从平仓巷七号迁居到大钟新村六号居住,更增添了这样的幸福。大钟新村也是南京大学的集体宿舍,尽管建筑质量远不及平仓巷七号,环境也不见得更好。但是,他们不需要与陌生的另两位教授同住在一所楼房,不用共用同一扇大门,关起门来独立门户,好不自在,虽然也只有两间睡房,但有独用的厕所和宽大的厨房。1954年冬我与孝蓉结婚了,母亲就把她的卧室让给我们住,她临时搬到青主的大卧室(也是工作室)和青主同住。母亲为我与孝蓉结婚只特地添置了一盏台灯,孝蓉只带来一条绣着龙凤的绸被面。我们没有举行婚礼,也没有摆喜宴、请亲友,仅青主、青君与我们四人在饭店里大吃一顿,少不了在短短的寒假内又多次"出游",丰富着我们新婚日程的内容。那一年冬天的南京特别寒冷,皎皎的白雪使玄武湖、明孝陵等处都披上了厚厚的银装,可是在那里以及在我们永远的记忆中却留下了我们四人深深的足迹。我们踏着皑皑的白雪去孝陵卫梅花山观赏怒放的梅花,使我们体会到古人踏雪寻梅的雅兴,也领悟了古人所说的最浓的诗思是在"**灞桥驴背雪**"中。以往我们一直生活在西南或南方,从未能如此深刻地领会冬天雪景的美丽。在矮矮的梅花丛中,我们四人不仅席地而坐,更卧倒在带来的毛毡铺着的地上,有特地准备好野食用的酱鸭、鸭腌肝和甜糕,还有美酒。尽管这时的青主早已戒去了喝酒的习惯,我们两个小的也根本不会喝酒,可是置身于此地怎能不破例也喝它几口,这远不止于为了暖身抗寒。在花瓣似雨洒落一身的梅花丛中,我们未饮已先醉,为这人间难以更美的景色、为这人间难以更深的亲情所陶醉。同样,在湖面早已结了冰的玄武湖畔,在那一座实心、不能攀登而只供观赏的塔旁,我们忘却了天寒地冻的前往探幽并摄影留念。

这短短几年是青主和青君与我们共同度过的难忘岁月。对我们来说:金陵何止于是六朝的故都、江山的胜地,更是我们幸福的源泉和回忆的宝藏。青主与青君在那里曾经为我们塑造了一座人间天堂,让我们得以在这个过去、现在和未来有时可能会显露得残酷无情的现实中,寻找到人生的至爱和至美。

至今孝蓉还经常提起:有一次,她假期由北京返回南京度假。青主见她爱吃饭锅里剩下的锅巴,说又香又脆,于是下次烧饭时,自己并不烧饭的青主竟把饭锅抢过来特地在炉子上多加烘烤,以便烤出更多"又香又脆"的锅巴来给这个儿媳妇吃,这小小一件事使她永志不忘。同样,1954年夏,我带了两个同学到南京游玩,有一次外出游玩回家迟了,家中已吃过午饭,母亲正好不在家,青主听说我们还没有吃饭,就二话不说地自己下厨房去为我们烧饭、烧菜。这也是罕见的事,因为平常他是不管烧饭烧菜的。这使我充分感到:他这样对待自己儿子的朋友也正体现着他对儿子的爱,尤其因为这儿子在外地读书,较少回家,所以回到家时就更倍加亲爱。

有一次,青主、青君带着我与孝蓉一起去明孝陵游玩。在灵谷寺,我们一起攀登灵谷塔,适逢狂风怒作,我们一层又一层地攀登上去,我们在每一层都能观赏到不同层次的景色;我们在每一层上都绕塔行走一圈,观赏四周不同的景色,然后再向上继续攀登,但见狂风使无边无际的林木浑身颤栗,仿佛在竭力挣扎并把自己浑身的积灰和败叶尽数抖去。它们发出一阵又一阵此起彼伏的松涛,在狂风中汇织成一曲交响,使我们逐步登上更高层时分外感受和领悟古人所说的"松涛"二字不仅用词贴切,更具有出神入化的艺术形象刻画力。这不仅使我们心旷神怡,更使我们耳目焕然一新,仿佛看到千军万马在战场上奔腾,又好像听到那是在惊涛怒卷的汪洋大海上塑造出一幅大自然的、动态的 al fresco(宏伟的壁画)。青主面对这松涛心中的感受更可以想象:那仿佛是他在少年时代攻打潮洲府时经历的场面记录,也可能是他在年方十九远度重洋时在大西洋上所见过的海景再现,又或是北伐时期如火如荼的"大革命"风暴重新涌上了他的心头。这远远不止于是一曲大自然的交响,更是他毕生经历的浓缩再现。尽管他此时已垂垂老矣,但仍能让人感到他胸中的海涛始终在起伏、澎湃,他的精神境界依然那样气吞五岳,他毕生的抱负——要**"在人间建立天堂"**的壮志未消,他毕生的诗风——自然、豪放的悲歌慷慨也依然未改。这怒吼着的松涛正是他掷地有声的诗句的回响,这无边的林海好比是他石破天惊的乐音写照。尽管他留给人世的文字和乐音现已屈指可数,但那些都是时代的记录、社会的映象,也是他个人才华和灵感的结晶,也是我们中华民族精神文化的遗产一部分。他对于音乐创作历来抱着一种敬畏的态度,对一般人开口闭口说"作曲"、"创作"异常反感,认为音乐创作谈何容易,没有足够的功力、才华和灵感去侈谈"作曲",是不知天高地厚的胡言和妄想。他也知道自己并非专业的作曲家,作曲仅系他的"余技",是他在特定时期受环境逼迫的作为,所以此后也就此搁笔。与其说他是作曲家,不如说他更是一位诗人,他对诗词的功底和造诣远在作曲之上。写诗是他终生不断的必需和自然的产物,就像新鲜空气和大自然一样,是他无时无刻不在追求和投身的对象。置身于大自然，如他所说的"出游"，就像他每天要打开窗子"通气"一样。他在南京的五年内，尤其是在迁居鸡鸣山畔、大钟亭后的大钟新村后的四年内，几乎不间断地每天要越过鸡鸣山、步出解放门，前往玄武湖。最初，玄武湖公园没有打开这一入口的大门，他必须乘公共汽车经玄武门入湖。迁居大钟新村后不久，开辟了解放门这一新的入口，使得他可以很方便地徒步进入玄武湖，于是，他就长年购买公园月票，确实像古代帝王那样把玄武湖当作他的"后湖"了。他在玄武湖边漫步，思索他的德文文法"革命"或吟诵古诗，一去就流连忘返地呆上数小时或半天，一般不带纸笔或书籍，而只沉思冥想。我与他一起生活的约二十年间，经常会为大声喧哗而遭到他的指责，他要求日常生活中也要有绝对的安静与"和平"。他曾多次对我说过："为什么一定要发出声响呢？你可以尝试用自己的头脑去思索，静静地思考、动脑筋！"他习惯于经常独自沉默地思索，忘我、也忘却整个世界似的沉浸在思索的无穷天地中，从而他从不会感到无可事事地寂寞。每当我或我哥哥在家中发出声响（如我哥哥常爱吹口哨代替唱歌）打扰了他的思索时，他就喝令我们静止，家人如果大声争吵，他就忙叫道："和平，和平！"这也许和他十余年在德国习惯于德意志民族所热衷于、并习惯了的安静生活环境有关，也由于他经常陷入沉思冥想的习性。为此他对声响特别敏感，反感任何声响的干扰。他曾多次对我说：声音，包括音乐，对于人的神经有着莫大的刺激作用，所以切不可发出任何刺耳的声响，如弹钢琴，尤其要注意绝不能发出"硬"的、类似敲打的音响。所以在大自然的怀抱中，他得以实现他所追求的这样一种心灵的静态。他从解放门进入玄武湖公园后，往往并不走向公园的中心热闹地带（梁州），而只停留在新开辟的这一区域漫步，因为这里游人较少而同样柳暗花明，同样能远眺紫金山的苍翠，近览玄武湖的波光闪烁。玄武湖就这样成为他的

"御花园"和心灵的浴室。晚饭后,我们也经常在他的鼓动和率领下步出大钟新村,经保泰街,登鸡鸣山。这时,只见山脚下万家炊烟缭绕,天边一抹斜阳染红半边天,很快的,苍茫的暮色即将为夜幕所取代。我们甚至也不一定步出解放门、进入玄武湖,而只在鸡鸣寺附近流连一番就返回温暖的家庭,度过那家人团聚的良宵。这就是我们50年代在南京度过的幸福时光,也是青主晚年家庭生活和心灵生活的写照。

当年,我曾萌发过休学一年的念想,以便能返回南京再度与双亲生活在一起,重续我曾十七年一直未曾中断过的美满家庭生活与天伦之乐。可是事与愿违地,我在那七年中并未能圆此美梦。1951年我十八岁进入音乐学院读书以及毕业留校工作以后,只能限于短短的假期回去与双亲团聚,哪一次不是深恨良宵苦短,就像情人幽会一样,哪一次离别时不是依依不舍,在告别双亲后独自走下大钟亭去车站候车时流下行行泪珠。这就是青主几十年来为我建造的温暖家庭和生活环境产生的后果。

有一次,青主得意地对我说他发现了一条捷径,可以从解放门出去右拐,沿着城墙一直向前走,不消半个时辰就可以到达明孝陵。于是在他率领下,我们果然顺利走到了目的地,不用再经过市区出中山门绕个大圈子,不仅缩短路程,而且一路上置身于大自然的怀抱。从此,这是我每次去南京必走的路,哪怕是青主早已过世后的八九十年代,每次我再次来到南京都要走这条路线,不仅为去明孝陵,更为去追寻青主的足迹,陷入无穷甜蜜而又感伤的回忆。

1953或1954年深秋,不知怎样,我竟得以短期返回南京。青主提议:这次我们要远游去栖霞山。于是清晨时分,双亲与我搭乘火车从下关车站出发到栖霞山这个小站,然后步行前往栖霞寺以及其他的名胜古迹。特别使我们倾心的不是这些景物本身,也不是那著名的栖霞山红叶(那些红叶比起加拿大的枫叶和德国深秋的红叶来不知差多少),我们所醉心的是这片曾供李香君等隐居的土地。明末清初,不少爱国的明末遗民到栖霞山来避世、栖真。1944年在广西八步时,青主已曾教我念过《桃花扇》中他最倾心的片断:如第十三出《哭主》、第二十三出《寄扇》以及尤其是最后一出《余韵》。我至今仍然记得:当青主教我念到**"对大江月明浪明,满楼头呼声哭声"**(《哭主》)时说:这样的刻画何等生动、感人,**"这肝肠似搅,泪点儿滴多少。也没个姐妹闲相邀,听那挂帘拢的钩自敲"**(《寄扇》),这短短几句把李香君当时与侯方域分别后的孤寂以及她独自守楼的高洁情操描绘得如此细腻、深刻,尤其是**"挂帘拢的钩自敲"**这一句更是有声有色:这"自敲"的声响把那无限的寂寥和孤独,还有那深切的思念反衬得如此神妙,古人诗句有云:"鸟鸣山更幽",正是在寂寥中出现的某种特定的声响,才足以把那无限的宁静与寂寥分外感人地衬托出来。这就是诗人无穷的想像力和创造力的结晶。至于《余韵》中最后那一曲多段体的《哀江南》,青主更逐句为我讲解,并与我一起吟诵,成为我至今仍能背诵的词曲。1645年清兵攻陷南京,南明亡后,苏昆生伴着李香君在栖霞山隐居了整整三载。他采樵、卖柴度日,路过孝陵时见那宝城享殿竟成了"放牧之场","一路伤心,编成一套词曲,名为《哀江南》",这真不愧是一篇千古绝唱!它把六朝故都秣陵在明亡后的衰落景象刻画得如此精微、生动,不仅是写景写情,更含有对明朝故国沦亡的无限哀悼、怀念,使如今来到这古都和栖霞山的游客重新凭吊这江山胜迹和兴衰历史而倍感亲切:

    山松野草带花桃,猛抬头秣陵重到。
    残军留废垒,瘦马卧空壕。
    村郭萧条,城对着夕阳道……

不是栖霞山的景色本身对青主和我构成如此巨大的感染力，而是《桃花扇》扣人心弦的情节以及这篇《哀江南》所体现的历史、文化和艺术境界，永远使我们魂牵梦萦，哪怕时间相隔得再久，空间距离再遥远。从此，每当我在沪宁线路经栖霞山站时从火车窗口望出去，当年双亲与我畅游栖霞山、吊念李香君、苏昆生隐居于山中的情景必然会重现在我回忆的海洋上，仿佛就在昨日。这就是祖国河山的价值与力量之所在，再美丽的异国风光也不可能有如此深的感人力量和如此巨大的吸引力。青主曾经多次向我说过：“**别人往往总是空谈爱国，而其实根本不懂得自己的国家有什么真正可爱的地方，也意识不到它还有着哪些其实并不可爱、甚至可憎的东西！**”他曾对我说过：难道应当去爱我国曾有过的裹脚习俗吗？！他不仅懂得崇爱，同时也懂得厌恶和憎恨那些应当为人们所唾弃的部分，不论它是中国的或外国的。这和他毕生既不信奉奴隶主义，也从不沦为沙文主义密切有关。他对于德意志民族的许多历史、文化和艺术十分倾心，但在希特勒统治时期，他却能很早洞察其大日耳曼主义的丑恶本质，写下《反动的音乐》一文。

青主在这些不胜枚举的"出游"过程中，经常会诗兴大发地作有诗篇，可惜他当时没有把这些诗像他写的德文讲义那样，用复写纸打印一份寄给我，我更不能生活在他身边随时随地听他吟诵他的新作。即使知道他诗作的一鳞半爪，也怪我的记忆力不佳，正像青主所说的笑话那样：有一个书生对人夸赞他见到一副对联写得如何之好，及至别人要他念出来时，他竟说："上联我已记不得了，只记得下联是什么什么春。"我也正像这位书生那样，只记得青主在南京时曾作过一首七绝《赠青君》其中的两句是："……**暮年需得小优游……相倚相偎到白头。**"他这时得以在南京这样一座古城中居住并与老伴安度晚年，那样的幸福可以从这首残缺不全的小诗中窥见一二。在南京那几年间，每次当我们吃到一些好吃的东西，如南京特产的盐水鸭和鸭肫肝以及汁多、味美的陵园西瓜时，青主总要对家人说：他这是在"享王侯之福"。这正是他对当时我们知足常乐的幸福生活的高度评价，同时也可以看出他心目中的"王侯之福"并不在于什么山珍海味、纸醉金迷，而只满足于布衣粗食和家庭温暖。这就是他晚年对自我满足的精神生活和物质生活的自供状。

可是即使是在他的晚年，他也忘不了仍然勤奋地读书和学习。他的一生行为体现了一个读书人深悟"学海无涯，唯勤是岸"的至理。自从他在大学执教以后，几乎没有一天，他不在思考他从事的专业与学识。他习惯于几乎每天总要数小时之久地伏在他那张古色古香的红木书桌上，面对着成堆的德文文法书和各种辞典进行德语与德意志文学的钻研。他钻研得愈久，就会对传统的一切愈感不满，认为有许多文法书的分析和归纳以及词类、句式的界定很成问题，他写道：为什么"**所有的文法书都认为不能够把副词当作术语的一个成份，但实际是有 es ist umsonst, es ist genug 这一类的话，这是他们没有方法否认的。他们于是乎说：这是带有形容词意味的副词。形容词可以作为述语一个成份，所以这些带有形容词意味的副词，亦可以作为述语的一个成份，但是哪一种副词是带有形容词的意味，哪一种副词是不带有形容词的意味呢？关于这一个疑问，他们是没有什么道理可以说得出来的。我以为这种带有什么意味的说法，都是误尽天下苍生的说法。本来对于形容词和副词的分界，他们根本更没有满意的解释，例如**：es ist genug, 他们说：这里的 genug 是副词，如果说：es ist genug Zeit 这里的 genug 是形容词。大约他们的意思，是只有那些可以同名词用在一块的副词，才可以说是带有形容词的意味。那么，那些不可以同名词用在一块的副词，像 ein Monat ist vorüber 的 vorüber，他们又有什么方法可以说它亦带有形容词的意味呢？

现在我把我的解释分列如下：形容词的尾巴可以跟着冠词、名词变化的。这一类的形容词用在名词的前头，例如 das schöne

Wetter 的 schön，这自然是形容词，就用在动词的 sein 和 werden 的后头，例如 das Wetter ist schön，或 das Wetter wird schön 的 schön，亦是形容词。如果把它用在其它一切动词的后头，例如 Der Sänger singt schön 的 schön，那么，它便是副词了。副词的尾巴是不能够跟着冠词、名词变化的，例如 gunug，它虽然可以和名词用在一块，但是，因为他的尾巴不能够跟冠词、名词的变化，所以不管怎样说，他总是副词。副词自是副词，并没有带有什么形容词意味，和不带有形容词意味的副词。

我们承认副词并不是述语的一个成份，但实际上来说，人们的思想表现，已经有像 es ist genug 这一类的话，那么，我们就把它当作副词好了，就于术语形式和术语内容之外，就在述语形式和述语内容的中间，再辟副词定律一项，作为扩大的术语说明句好了……"

我在这里如此冗长地引用青主手写的德文讲稿，并不是想在这本回忆录中对他德文文法改革的具体内容进行阐述，那是非专著不可能详述的，而只是想作为一个具体的例子让读者能了解一下他的思路和作为。他早于40年代已在同济大学的授课中开始了他改革德文文法教学的尝试，50年代在复旦大学和南京大学更将这一改革引向深化。可惜那些成果主要只限于他的授课以及遗留下来的手稿、残篇，未曾编著成书。他在南京时不断地把自己用打字机打印的手稿复印一份寄给我，每次只几页。遗憾的是我当时作为音乐专业的学生没有时间去深入学习和钻研。他一心想要我继承他的衣钵，把德文当作专业去钻研，可惜我未能实现他这一愿望，所以使得他的德文文法改革成果大半失传。每当我返回南京时，他总要拉着我讲述他最近的钻研心得，可惜我随听随忘。有一个阶段，我的内弟虞孝庄在南京动力学校学习，常来青主家度过星期日或其他假日并表示想学德语，于是青主高兴得不得了，极其认真地把他当作传人似的，滔滔不绝地一教就是几个小时，并常拉着他一起去玄武湖散步，边走边讲，乐而忘返。青主对德文文法的钻研在这几年不可谓不深、不迷。他的这种痴情正体现了他一贯为人的习性：从不考虑功利性地钻研学问，从不计较那可能使自己得到什么，而只一心如醉如痴地去钻研和思考。学识对他说来就是一切，学识本身就是目的。只有在二三十年代之间在上海被通缉期间，他为了糊口才不得不忙于写作、发表，此外的年代，他从不想到发表、出版自己的作品，这就是他作为一位学者特殊的习性，遗憾的是：正因如此，他此后发表的著作也就屈指可数。

基于他对自己的母语以及中国文学的深厚根底，加上他对德文几十年的应用、实践和理论探讨以及对德意志文学的热爱和钻研，他在中、德语言文化（包括文法）上的造诣在国内可以说是屈指可数的。可惜他这一切并没有获得足够的重视，从而使他的造诣随着他的逝世而烟消云散。如今遗留在我或许多他的德语学生心中的也只是一鳞半爪了。在他的遗稿中有这样两页手稿，从中可以让人看出他对中德这两个民族的语言、文字乃至思想所进行的比较，尽管这只是沧海一粟，但已耐人寻味，特此照录如下：

Ein jeder kehrt vor seiner Tür!

这是 Goethe 的一句话：每一个人要打扫他的门前。就表面上看来，好像和我们中国那句俗话：各人自扫门前雪，除了少一个雪字之外并没有什么区别，但是它的意思是并不一样的，在德文是说各人要检讨自己的错误，在中文是劝人不要多管别人的闲事。

Die Haare stiegen ihm zu Berge 或 Seine Haare richteten sich empor，或 Seine Haare standen zu Berge。

译成中文：他的头发竖立如山，或竖立起来。谁不想起我们中国怒发冲冠那句话呢？但是它的意思并不一样，在德文是由于恐怖，在中文是由于愤怒，头发竖立起来的原因是各不相同的。

由于上面举的那两句例句，我们可以见得：凡学习德文的字句都要探本穷源，决不宜只在字面上做工夫，即是说：我们要彻底明白它的意思。文字是用来表现人们的思想的，但是德国人拿文字表现思想的方式，往往是和中国人不同的，所以我们学习德文，要了解德国人用来表达他们思想的方式，决不可以拿我们中国人表现思想的方式来解释德文。这是很值得我们注意的一点，但是这并不是说：德国人表现思想的方式处处是和中国人不同。有许多地方，他们和我们表现思想的方式是相同的，我们就拿头发来说吧！中国有千钧一发这样一句话，苏东坡论张子房，亦有子房不忍忿忿之心，以匹夫之力，而逞于一击之间。当此之时，子房之不死者，其间不能容发，这样拿一根头发表示危险的程度，在德文亦是有的，比方说：

Sein Leben hing an einem Haar。

他的生命只系在一根头发之上。

Er hat mehr Schulden als Haare auf dem Kopf。

他的负债比头上的发还要多。

（这）是用来象征众多的。如果用来象征稀少，亦可拿一根头发来做比喻：Ihm wurde kein Härchen gekrümmt。没有弯曲到他的头发，亦即是中国话：没有动到他一根头发的意思。

我们学习德文，脑子里不要存有成见。中文和德文相同的表现思想的方面固然是很多，但是遇着不相同的地方，总不是强不同以为同，那便对了，根据这个理解，来学习德文的成语句，大约不会有什么错误了。

除了德语文法之外，他对德意志文学的钻研也是经年累月、孜孜不倦的。他在南京这几年内除了授课讲解德意志文学以外，还进行了不少翻译工作。这应当感谢他的同事张威廉教授，是他主动向青主推荐民主德国安娜·西格尔斯的中篇小说《一个人和他的名字》，说：如果青主愿意翻译，他可以拿去给上海文艺出版社的负责人吴朗西先生出版。当时该出版社还由吴朗西先生全权负责，所以一切书的出版，他都可以单独决定，不经过其他编辑审稿。于是，青主很快地译完此书，由我就近交给吴朗西先生。吴先生听说是青主的译稿，当即向我表示：那不需要经过审稿，可以马上印刷。于是，该书很快就被出版了。这是此后青主的译稿再也没有受到过的优待。后来，青主又应上海译文出版社约稿，翻译了捷克长篇小说《一块糖》。那是一部描写捷克糖业工人运动的小说。青主为了中文的流畅，并考虑到中国读者的接受情况，经常并不逐字逐句地译，而不惜增添或改动了原文的词句，从而受到审稿者的非议，要求译者忠实于原作，坚持要重新进行逐句修改后才能出版。青主不愿意那样干，于是只好由我代为在假日逐字逐句地校对原文，将青主增加或改动了的词句尽可能忠于原文地重新改译。由于全书约三十万字，我不可能集中时间投入，所以，此书一直拖到青主逝世后才得以出版。可怜他辛辛苦苦译了三十万字，竟不能看到此书的出版，也不能享用分文的稿酬。这就是那种审稿制度造成的结果。如果林抒（林琴南）生活在现代，他那种翻译的方式和文笔肯定为这样的审稿制度所不容，而我国文坛史上也就不可能出现有一位林琴南了。

青主这几年内还曾应南京正风出版社经理陈汝言先生约请，翻译过几本民主德国的冒险小说出版。这些书谈不上什么文学价值，纯为一般的通俗读物。每本约三万字，稿酬约300元。好在青主翻译起来毫不费力，所以很轻松地就可以译好一本本的出版。青主当时的工资每月198元，每月给我寄20元在上海上学和生活。我那个同母异父的哥哥廖乃仁在广州，经常也需要他寄钱去接济他一家人生活。每当我和我的爱人（妻子）返回南京时，他经常与我们出游并在外面吃饭，这也是一笔开支。1955年9月后，我们把刚生下只有一个月的幼女廖冲送到祖父、祖母身边抚养,一切费用全由他负担,所以青主就业余从事这些翻译以增加收入。当时我还在当学生,孝蓉也刚毕业参加工作没有几年,工资仅够自己生活。我们把幼女交给祖父、祖母抚养,没有任何经济上的津贴,而青主和青君对此毫不介意,相反的,他俩以能够抱上自己最亲的孙女,高兴还来不及呢!

1955年9月中,孝蓉把她在北京早产的小女廖冲送回南京,青主、青君双双亲自到火车站迎接。青主一见孙女就说长得好看,是个"小天使"。从此,这个"小天使"般的孙女就一直与爷爷、奶奶在一起,陪伴他度过人生最后的一段路程——不到四个年头。

附图13 青主抱着一岁的孙女廖冲在南京家中。

此外，青主还应中央广播电台外国音乐部约请，写过一篇纪念莫扎特诞生二百周年（1956）的广播稿，配有音乐选段播出，并翻译过民主德国埃尔恩斯特·梅耶尔（Ernst Meyer）的论文《德意志民歌的音调》，作为单行本出版，并为《音乐译文》译过几篇音乐论文。尤其是为我 1952 年编译《贝多芬新论》翻译托马斯曼（Thomas Mann）长篇小说中的一段《结巴子音乐家讲述的贝多芬故事》，很有价值。1956 年，北京人民出版社主编之一曾来南京拜访过他，约他重译海涅的诗集《抒情插曲》和《北海》，结果译成寄去即始终未能出版，不知何故。另一份手稿偶然的保留在我处，至今也未曾出版。

翻译的稿酬改善了青主和青君在南京的物质生活，总算得以第一次购置一架电动唱机了。以往家中唯一的一架唱机是用发条手摇的，那是孝蓉带到我家来，只能放 78 转的快转唱片。购置的那架电动唱机是从南京外文书店音乐部买来的，捷克产，可放 33、45 和 78 转的各式唱片。我为青主还从上海音乐书店购买到一些苏联和捷克出产的 33 转唱片，有贝多芬的《田园交响曲》、小提琴协奏曲，柴可夫斯基的小提琴协奏曲、钢琴协奏曲以及比才的全套歌剧《卡门》等。这些唱片为青主带来了不少欢乐。每当我回到南京，有时青主还主动地、特意为我放这些唱片，和我一起得意洋洋地欣赏，尽管用俄文唱的《卡门》听起来很不习惯，但那总聊胜于无呀！没有扩音器，就把唱机接入也是从外文书店音乐部买来的一架东欧出产的长短波收音机上，放出来的音响在当时听来已觉得非常优美了，因为以往我家用手摇唱机放 78 转那些老唱片不但噪音往往比乐音还响，而且唱片全是由上海虬江路旧货摊上掏来的，常有破损或裂痕。可是，尽管那样，那些旧唱片却为我奠定了良好的乐感以及音乐专业学习的基础，从此将我推进了无比圣洁的乐艺殿堂，也曾为青主这位老音乐家带来过旧梦重温的欢乐。

在南京时,我更从一位同学处得到一支老式木制的长笛,带回去送给青主,他如获至宝地马上吹奏起来,尽管那音色不及新式、金属制的长笛明亮,但已足以让青主过瘾了。说也奇怪,不知道他当年在德国是怎么学会的,能奏好几种乐器:钢琴、小提琴、竖琴和长笛等,几十年不碰也没有完全忘记,拿起来就能吹拉弹拨。从这一点也可以看出他实在聪明绝顶,可惜他未曾把这些当作专业来从事过,也未曾持续煅炼,以致始终未突破业余爱好者的技术水平。可是,他奏起任何乐器来却都能丝丝入扣、动人心弦,由此可见,他的乐器演奏完全是从音乐表现和自己的内心抒发出发的,所以永远把技术放在第二位,技术不够完善也无大碍,而不像从技术出发的演奏者,技术一出问题马上让人觉察,并常在音乐上、艺术上令人感到一片苍白或不堪入耳。这正是乐器演奏和音乐教学的奥秘所在。可惜这种良好的奏乐习惯和爱乐传统如今已奄奄一息、并不常见了!

从1952年起,我开始翻译了不少音乐论文发表,每当我在理解原文方面发生了疑难,或对某一语词、短句在辞典中查找不出答案时,便写信向青主求教。不消三五日,他必定将解答寄给我,他就这样作为我的一部活辞典和一位良师,一直屹立在我的身后作为我有力的后盾,帮助我不断成长。有一次在南京家中,他抄写了一段德意志诗人席勒的语录,并讲解给我听:

由于你得以用现成的语言写下一个诗句,它代替你做诗并思维,你就以为成为诗人了吗?

青主一辈子做诗,哪怕自己国学根底再深厚,也从不爱用现成的惯用语或典故的任意堆砌,人云亦云地去表达或取代自己的思想,这从他早在1931年写下的《诗琴响了》结束语《怎样创作诗的艺术》中已可看到:

……这样用古人的成语重重束缚住的诗人,你就掘出他的眼睛,填塞他的耳朵,取出他的脑髓,割出他的心肠,使他无心可坠,无肠可断,他亦可以套古人的老调,做出一些像杜鹃休向耳边唱,五月榴花照眼红,十年几度沧桑变这一类的诗句来。这样的诗句,既没有灵魂,又没有脑筋,既用不着眼睛,亦用不着耳朵,它并非是用来描写实际的情景,不过是运用古人的成语,吟来虽然是很合声韵、很雅、很成,但是充其量不过是一种组织词藻的能事,作者的情感完全得不到自由的发展,就眼前的景物亦可以无有。说它是诗的艺术,实在是有些过誉。

青主这一段文字不是对席勒那段名言再好不过的注释么?他一辈子写诗就强调作"**我的诗**",即:非有个性和独创性不写。所以他日常吟诗,偏爱那些极富创造性、灵性和意境的诗词,而不热衷于词藻的华丽和典故的堆砌。他教我吟诗和学习的诗词也全是具有那样诗风的佳作,哪怕词句很白,但却充满独创性和感染力,这使我和他一样地成为最喜爱陶潜、李白、苏轼、郑板桥等人的读者。1983年,我在西德时应埃森(Essen)大学音乐系邀请去作学术报告《中国语言的音乐性》,内中我不仅引用并且套用了席勒那一段话,提出了这样一个命题:由于中国语言的四声已决定了词句本身具有自然的声调起伏,所以:"**由于你得以用现成的词曲适应关系去写下一个旋律线条,它代替你去作曲并思维,你就以为成为作曲家了吗?**"这博得了听讲的一位教授大加赞赏。这归根结底得感谢青主对我的教导和影响,决定了我一辈子的艺术观和艺术审美,也奠定了我从事音乐研究、教学和创作的基本方向。

1954年冬,我刚从上海音乐学院作曲系转到钢琴系学习,就被校方派去天津中央音乐学院协助周广仁先生,担任来比锡音乐学院朗格尔(Franz Langer)教授来华短期讲学的翻译,并且同时也得以在讲学之余有时从他学习钢琴。这对我说来是振奋人心的喜事，马上写信告诉双亲。他俩不仅在我乘火车赴天津路经南京站时，特地买了月台票进入站台来看我，而且还特地买了一件草绿色的呢料短大衣给我去北方加凉。这许多年来，双亲如此破费为我购衣是绝无仅有的。1955年初，上海音乐院有几个名额，可以选派学生去东欧国家学习音乐，由于我懂德文，就曾考虑派我去德国留学，贺绿汀院长还亲自找我谈话，表示可能派我去来比锡音乐院学音乐学，甚至还让我去检查了身体，准备派出留学，结果由于政治审查，查到我有一个同父异母的姐姐廖玉玑现在阿根廷，由于有这一条"海外关系"，政治审查不能通过（尽管我们与廖玉玑1948年后不再有联系，而且连地址也不再知道了），便取消了我去留学，我当然很惋惜，但正如这时我告诉我当时一个密友："不去也好，这样我可以仍然每年几次去玄武湖，不至于与双亲分别几年"。青主解放前曾有过藉助廖玉玑的关系日后实现我去海外留学的打算，但从来没有向她说过。廖玉玑1948年去了阿根廷，她的母亲华丽丝也于1949年前往阿根廷，青主还曾带着我一起去火车站送行。这次学校拟派我去德国留学，终因廖玉玑的关系而未能成行，对青主当然是一次失望，但也仅仅是短暂的失望而已，因为他对于我去海外留学并不很在乎，他从来没有把这作为一个努力去实现的意愿放在心上，我也一样。解放前几年青主与华丽丝母女经常来往，也从未提及希望她们日后帮助我去国外留学的事。她们母女出国后不久就和我们失去了联系，青主就此也打消了通过她们帮助我出国留学的念头。也许由于青主本人曾深受父亲封建式教育的伤害，从而他对于自己唯一的儿子的教育就一切听其自然，从不干预，这也和他一向认为人的一切全得靠自己、靠自强密切有关，所以他对于留不留学也视若等闲，因为事实上留学与否根本不是决定一个人的学识和成就的分水岭。我的三叔廖辅叔先生就一辈子没有留学，却不仅精通德语，并且主要靠自学而成为一名出类拔萃的学者。

青主与妻子抵南京后仍一如既往地从不存款，每个月的工资收多少就用多少，谈不上任何节余或储蓄。多年不见增长的工资已足以维持一家的生活，他也从来不去过问或争取加薪、提升，一切均听其自然。一年到头，他只备课、上课并去参加那些非去不可的政治学习、教研组活动等。当展开"政治运动"时，他也只按规定前往开会、听报告、作检查，并没有受到什么大的审查或冲击，这全靠叶剑英和李济深的那两封证明信和他过去的政治历史，以及他解放后不再从事政治活动的行素。他简直没有什么朋友来往。如果邓演达不是那么早就被蒋介石杀害，青主是否会和他保持密切的联系，也不得而知。虽然青主在政界对国共两党的许多要人都曾经熟悉或共事过，但却从不保持私人联系，更谈不上亲密的来往，只有李济深是唯一的例外，但也只保持着"君子之交淡如水"的互信、互重关系而已。青主对他不仅抱有"**感激当年不杀之恩**"的心情，曾多次举荐他、任用他、保护他，怀有知己之遇的情感，但青主与他纯系个人关系，这关系主要建筑在共同一致的反蒋政治倾向上，这关系随着蒋介石政权在大陆的崩溃也就此终结。所以解放后，青主一心安于他在讲坛上执教的生活，忘情于山水之间、诗词之中以及家庭、亲人的温情之中；这是他深悟人生的结果。他几十年前已曾教我念过郑板桥的《道情》，他经常吟诵内中的段落："……**几多后辈高科中。门前仆从雄如虎，陌上旌旗去若龙。一朝势落成春梦，倒不如蓬门僻巷，教几个小小蒙童。**"他能够在晚年猛然醒悟，毅然重返讲坛，安心过平静的、简朴的生活，还自以为这就是享"王侯之福"而满足，正是他"**悟以往之不谏……觉今是而昨非**"（陶渊明《归去来辞》）的表现。

他的晚年生活内容异常丰富、充实。在家时，他主要从事德文文法和文学的研究，这不仅是为了备课，上哪些课，他早已不备课也能胜任。这些年内，他对于德文文法的研究简直有点走火入魔，成天抱着大推的新、旧文法书和各种各样的德文辞典，伏在他那张土色土香的红木书桌上，或经常站在那一只高高的红木花架前，将书摊开放在花架上阅读，以改换老是坐着看书的姿势，以利血液循环，就像我如今经常以在室内漫步的方式取代静坐在沙发上教钢琴那样。他对德文的每一个格的用法、介词的用法、副词的用法，每一个词的前缀、后缀的渊源和含义等，都作有全面、深入、系统的探讨，并为之打字、复印出讲议来。30年代初，他曾向胞弟辅叔说过：尽管他对德文已能说、能写，甚至用德语去思维和做梦了，可是，对于某些微妙的细节仍然未能掌握自如。他就这样严肃地、高标准地对待一切学问，不论对别人或自己。显然，正是在他的晚年，他得以在教学之余补上了这一课：把他几十年来自己仍深感不足的德文语法和修辞的学识弥补上了。记得1954年或1955年春节，南京大学的领导干部轮流来各位教授家中拜年，门开时，他见到青主伏在堆满辞书的书桌上，他的儿子和儿媳也同坐在另一张台子上读书、写字，毫无一般人过春节的样子，从而感到十分诧异，殊不知这在青主家中却是习以为常的：除了"出游"或办事，在家中也常以读书写字为主，似乎不分什么假日非假日，这也正是青主晚年家庭生活的写照。青主经常把歌德的教诲当作自己的座右铭，并且也经常向我们传授："**不要把自己的思想局限于四堵墙之内**"；"**每个人每天至少要听一首小歌、读一首好诗、看一幅好画，而且如果可能做到的话：说一些合理的话**"。他在自己家里身体力行着这样的教诲，他极少为柴米油盐或名利、是非劳神，而终日让自己的思维突破四堵墙的桎梏，凭借着墙上挂着的字画、口中吟颂着的诗歌或哼唱着的旋律、目中阅读着的书籍和脑海上翱翔着的思维，进入到一个超脱物资、忘却自我的境界。这既是他基本的人生哲学，也是他主要的生活内容。越是到了晚年，他就越不爱与人交往，人事关系一向是使他头痛的事，能避免就避免。他经常说：人生在世有多少学问值得去钻研，有多少问题值得去思索，有多少事值得去做，也有多少乐趣值得去追寻和享受，所以，他从不愿浪费时间精力去从事那些他不乐意的事。

青主曾对我说过：一个人读书或做事的成功或失败，往往或是由于要求不高，但也有可能是由于要求太高，要求不高做不好，太高也会导致失败，这一观点值得我们深思。他劝我对有些事切勿要求过高，从而为达不到而舍弃。我相信那正是他自己体会到的经验教训：他毕生对许多事，尤其是某些学问如作曲和著作，都由于要求太高以致最后根本放弃，或不能成书而只留下杂乱的、未完成的讲稿或草稿。

青主是一位至情至性的性情中人，始终怀着一颗童心、一付敏感的心灵。说起来真是"无巧不成书"。有一次我在上海音乐院的漕河泾校园中从地上拾起一张信来，也不知是谁写给谁的。但是，一读下去就可以断定：那是青主在南京大学德文系的一个学生写给上海音乐院的一个学生的信，该信没头没尾，只有中间这一页信纸，上面写道（大意）："我们的这位教授真是有趣，上起课来什么都会说到、做到。当课文中说到圆舞曲时，他竟会在课堂上当众跳起圆舞曲来，让学生们能形象地看到圆舞曲是怎么跳的；当课文中出现悲哀的诗句时，他朗读的同时竟然会流下热泪；可是不一会儿，当说到有趣的事时，他马上又会眉开眼笑，顿时又变成另一个人似的……这样的教师，我们可从没有见过，他可能有点神经病吧……据说：他的儿子正在上音念书……"我一看就可以判定这只可能是讲我的父亲，因为像信中所描述的教授在大学中还能找出另一个吗？我在复旦大学曾多次旁听过青主上课，也经常旁听过他在家中授课，所以我清楚地知道他上课的情况：他读起课文或进行讲解起来，那真是神采飞扬、全心投入，海阔天空、无所不包：他即兴发挥、激昂慷慨、手舞足蹈、忘乎所以，既忘掉了自我，也忘却了学生们，而只全然地投身于课文中、诗境中。这时他像个演员会时哭时笑，这还不够恰当，因为他并非在演戏，而确实是在体验着一切：不论是哭、是笑，那都不是演员的演技结果，而是自己此时此地此境中真情实意的自然流露，这时他旁若无人，课室的四壁似乎也不复存在，而整个空间就是人生的舞台和历史的长河，他面前的学生们也似乎并不存在，而只有文学、戏剧或音乐作品中的人物在他的脑海中出现并活动着。他知无不言，言无不尽，滔滔不绝，口若悬河，兴之所至、情之所及，什么话也会说出口来。他这时的天真、真诚和热情使人忘却他是谁：既不像一位教师，更不像一位演员，这时，我也会忘记他是一位慈父，而只充分地感知他是一个真正的人。他尽管几十年在中外，在军、政、法和文化界生活和工作过，却不愿为人情世故、人事关系去适应、去干违心的事、更不去阿谀逢迎。许多事，他并不是不懂，而是不愿去理会或从事。他不愿将自己有限的精力和时间花在那些地方，而更愿致力于人类不朽的艺术和学问。他有着真正的人的情感，这情感随着诗境、情境和心境的变迁和演进而瞬息万变，但永远不会弄虚作假、装模作样。所以，难怪我的一位表姐曾经说过：她最怕看"好伯伯（指青主）见到陌生人时的那张勉强推下笑容的笑脸。显然，他见到陌生人时，哪怕只是推下的一点笑容也显得那样的不自在和勉强。我和他一起外出时，每当他看到有某一个他认识而不愿见的人走来时，他就会拉着我绕道而行或倒转方向行走，以免与那人哪怕是只淡淡地打一个招呼，因为这不出自于他的内心、不是自然而然的事，他就不愿意干，而尽可能加以避免。他一辈子最怕敷衍和客套，所以会这样害怕交际，尽管他一辈子几十年在国内国外不知道经历过多少交际的场合，结识过多少形形色色的人物。最足以刻画他性格的两句话就是："**酒逢知己千杯少，话不投机半句多**。"他约五十岁前喝下几杯老酒后，就会变成另一个人：这时，哪怕见到陌生人也似乎是遇到了挚友似的，他会无比热情、亲切地滔滔不绝地说个不完，但这只是在酒后。没有老酒下肚，他见到陌生人是绝不会那样自如和热情的。他约五十岁后戒了酒，所以就再没有这样的可能性了。他确实正如以史坦尼拉夫斯基为代表的"体验派"戏剧理论所表述的：既全身心地投入"规定情境"，也能做到"当众的孤独"。在他一生中，他经常独来独往似的生活在他自己内心的世界中，但孤独而从不寂寞。他曾经对我说过：一二十年代在柏林时，他的一位老教授曾经感慨地对他说过："廖博士，我们是何等地孤独呀！"这种哲人或学者常有的孤独感陪伴了他的一生，可是，他孤独而不寂寞，因为在他的孤独中从不缺乏丰富的生活情趣与思维内容。在他的晚年，这一状况更有所加剧：除了家人外，几乎没有任何其他亲友来往。他杜绝了一切不愿从事的交往，他摒除了一切人世通常难以排除的杂事和杂念，生活在他丰富多彩的内心世界中，那里没有虚假、没有应酬、没有世故、也没有是非和利害。

在南京度过的五个春秋为青主的晚年谱下了意味深长的一章，尽管那主要只限于个人家庭生活和书斋生活的天地。他同样在这几年间为我创造并留下了一份宝贵的精神财富和一片值得永远回忆的人生海洋。那里，不仅有灵谷塔四周的松涛在交响，梅花山的梅香在荡漾，栖霞山的红叶在飞舞，更有无穷的诗意和哲理以及比海更深的亲情，值得我永远追思。

有一次我们去莫愁湖游玩时，青主见到莫愁湖畔有一座纪念辛亥革命某次战斗中牺牲了的烈士纪念碑时，感慨万千地对我们说：差一点他也就成为这座纪念碑纪念的对象了：他本来也应当前去参加那次战斗的，由于某种原因结果未派他去，否则他就早已不存在于人世了。

又有一次，我的同母异父哥哥廖乃仁从广州返回南京探亲，对我们说起：他所在的工作单位组织他们集体参观中国近代革命历史纪念馆时，一位讲解员为他们讲解二十年代在广州进行的历次革命斗争。该讲解员说（大意）：当时广州革命活动如火如荼，但反革命的力量也多次对革命力量反扑和残杀。他自己就曾经亲身参与和经历过，尽管他当时的上级廖尚果竭力保护他们，但也无济于事，终于失败，致使革命力量伤亡惨重。家兄乃仁对他听过的讲解已具体记不清楚，也说不详细，他当即向该讲解员说："你说的廖尚果，正是我的后父。"青主听了乃仁这一段述说后，自己可能有所感慨，但也只听过就算数，从未再提及。时间似无情的流水在流淌，时代也飞速地在前进，人世的变迁已使多少往事消磨得几乎无形无踪，可是，战斗的豪情和友情永存于人心深处，直到人最终离开这个人世。人间历史的可歌可泣，有相当一部份正在于有这种人心深处难以磨灭的回忆与深情……

青主在南京对这座古城有着深厚的情感是不言而喻的。可是尽管如此，他1957年决定向校方提出要求提前退休。这一方面与他在南京大学与系主任个人相处得不愉快有关，也与我即将于1958年毕业，看来会留在上海音乐学院工作有关。青主随着年龄的增加，越发想和我这个唯一的儿子生活在一起。眼看严格控制人口的上海难以让他的户口迁入，从而不可能和我住在一起，他就想至少住在和我近一些的地方。我母亲青君是在苏州出生的，青主和青君一向对苏州古城的幽静、古朴十分钟爱，所以决定提前退休，搬到苏州居住，以缩短与我的距离。他的申请很容易就被批准了。于是，我们全家五口（包括我的二岁幼女廖冲）同赴苏州觅屋，准备迁居。

那是1957年夏季的一个周末。我们来到当时仍然不亚于数十年，甚至数百年前那样幽静、古朴的苏州，临时在一家旅馆中暂住两夜，白日除游览美不胜收的各个园林外，集中心力找房子。苦于在苏州没有朋友，只好去找一个"白蚂蚁"，即专门替人家找房子的中间介绍人，介绍成功后取一个月租金作为报酬。

果然,他马上领我们沿着人民路,过乐桥,来到了穿心街六号。短短的小巷,只有六号斜对面有一座关闭了的"报国寺",但并无游客,所以除本巷居民外,谁也不会来这里打扰绝对的安静。二层的砖房谈不上现代化,连抽水马桶也久已不用。但是,出租的底层三间房间,作为两间小卧室和一间大客厅,足够青主和青君带着年方二岁的小孙女居住。屋外有一条长长的露台,有二楼建筑作顶,可供纳凉、晒衣或放花盆、观雨景,外边更有一个方方正正的小花园,其实并没有种什么花,里面还开凿有一口小井,高高的围墙围着,既望不出去,也望不进来,四周安静得只偶而听到有走到巷子里来卖鲜虾或鸡头米的小贩叫喊。除此以外,几乎连一根绣花针掉地也清晰可闻。这一切顿时使青主和青君大为满意,租定了下来。我和妻子虞孝蓉也喜出望外,想不到这样顺利就找到了理想的房屋。于是,我们在观前街松鹤楼大吃了一顿,那样鲜美而清淡的鱼汤,还有那莼菜更是我第一次品尝到的佳肴,使我体会到为什么晋朝的张翰会为了想起鲈鱼和莼菜而辞官返回故里。这时的苏州依然保持着传统的一切,使人们在这里感到仿佛回到了令人神往的古代,回到了简朴而美好的生活,回到了自然和安宁。跨过乐桥就是怡园,它虽然不及拙政园和狮子林那样宽大,但它曲径通幽,小中见大,仍然能极其集中而高妙地体现苏州的园林艺术。在这么小的面积内能设计出如此丰富多彩的各种景物、建筑,如此多变而且统一,就像演奏一首巴赫的赋格曲那样,使人感到有限的时间与空间并未妨碍艺术创造者海阔天空的遐想和无穷无尽的塑造。在狮子林,我们为那迷宫一般的假山惊叹不已:一条条狭小的通道在一堆堆貌似杂乱的假山之中,让人穿出穿进,仿佛来到了无穷的天地。中华民族能有如此奇妙的创思,能有如此艺术的造物,确实是对人类文化的不朽贡献,它在人类文化宝库中不正是奇葩独放、光芒四射,从而能不让我们这些炎黄子孙无限自豪吗?青君来到她的出生地苏州仿佛回到了故乡，我和孝蓉也为双亲能在这样一所乐园中安享他们退隐的晚年，并且和我们离得如此之近而异常高兴和兴奋。这时我们哪曾想到：可怜的青主只能在苏州度过他最后的两年！造化无情，生命有限，尽管我们对他的爱是无限的，但这并不能改变命运或延长生命！

那正在暑期之中，我们就陪伴双亲返回南京，准备搬家。通过这次去苏州，青主对孝蓉有了更深一层的认识：我们寄居在苏州的旅店时，当孝蓉领着幼女下楼洗澡时，青主深有所感地对青君和我悄悄地说道："这个媳妇不错呀！"这是由于在苏州觅屋的过程中，青主眼见孝蓉对待我的双亲就像对待自己的爹妈一样亲切、爱护，对他们觅屋就像是自己的终身大事似的那样尽心尽力。人，就在于这一片真情，而这一片真情就自然而然地流露在日常极度平常的一言一行之中、甚至一声叹息或一个眼神之中，这是不可强求、也难以伪装的，所以它是那样可贵而感人，那样地作为人际之间的一道清泉会在人的心坎上涌流并沟通，它往往不需要言传就能为对方所体察和意会。青主对他当年的女学生、如今的儿媳妇会表达出那样的评价，说明他作为一个人、作为一个良师以及作为一位慈父，是体贴入微、知人知心的。事实将证明：这位儿媳将伴着他走完人生的最后一截短程，为他在极度的苦痛中送终，并和他的儿子同样深切地、永远地怀念他一辈子。

（十） 苏州退休和上海病逝

（1957—1959）

从 1957 年 10 月到 1959 年 4 月，青主只在苏州居住了不到两年，可是那是令人回味无穷的两年。

也许是这个地名的关系吧，它从一开始就给予了我一个不祥预兆：当 1957 年夏我们前来此觅屋时，这穿心街的"穿心"二字就曾给予我一个痛心的感觉，仿佛日后在这所屋子里会使我感到如箭穿心似的。及至迁居入内住定后，学校很快便要开学了，我与孝蓉不能在苏州与双亲多住几天就必须返回上海。开学后，我们只能利用周末返回老家与双亲相聚。由于当时从上海开经苏州的火车班次不多，只能星期六一早来苏州，星期日晚上返上海，因为星期五的晚车往往搭不上，而星期一的早车返抵上海后再返回学校就太晚了。当我们返抵家中，听双亲述及在苏州居住何等安逸：不但四周环境安静，连汽车声也听不到，空气也比上海、南京好，而且物价便宜，供应良好，更有穿街走巷的小姑娘或老太太把新鲜的鸡头米送来，熬成粥，吃起来又香又补，胜过牛奶、豆浆，有时还将从太湖捉来的新鲜虾子送上门来，并可代为剥出虾仁来，又鲜又嫩。据母亲说，这简直不亚于她幼年时在苏州居家过日子的状况。附近的怡园和沧浪亭耐人凭吊、休闲和安息。青主当然永远是步行前往，流连半日方回。从观前街采芝斋买回来的各种甜食，不知比上海或南京的更精美多少倍！青主从许多门面很小但内容丰富的旧货铺里买回一些瓷器小碗、小碟、不少还是半古董，制于清朝，价钱也很便宜。尽管青主的退休金仅为原工资的一半，按月前往苏州民政局领取，只99元，二人生活显然紧了一些，但有为南京正风出版社翻译几本民主德国的冒险故事小册子（每本300元稿酬）贴补。可是青主退休后在苏州为翻译这些小册子时，我亲眼见到他握笔的大手已有浮肿和颤抖的现象，看来他已上了年纪，这翻译工作难以继续。不仅是我力劝，他自己也感觉到应停止翻译了。于是大约从1958年中起，青主的每月收入只能仅限于退休金99元。我1958年9月第一次拿到了工资后就与孝蓉商议：是否将我的全部工资再加上一元五角，凑成五十元如数寄回苏州，贴补双亲捉襟见肘的家用？他们不仅是我们的双亲老人，而且还在抚养着我们的幼女廖冲，她经常害病，得劳驾青君或青主亲自抱着去人民医院或儿童医院，看病、吃药也是一笔开支。我的提议当即获得孝蓉同意，从此按月汇或带五十元回家。尽管我们大家的收入都很少，可是我们一点也不觉得苦，因为除了吃饭、吃水果和零食外，我们没有任何嗜好和花钱的需要。衣服或家具添置的用费在当时几等于零，旅行、游玩则只限于每周返回苏州一次，除了偶而花两毛钱看一场电影外别无其他娱乐。我们早已过惯了那样简朴的生活而并不感到贫苦，这首先由于我们有着彼此热爱、情感无比深厚的双亲存在，其次由于我们有着火热的事业心，不仅努力学习，尽量提高自己的业务水平，而且积极工作、任劳任怨，从不敷衍塞职。唯一的难题是尽管这样生活和工作，还必须不断地作自我检查，根除自己的"资产阶级思想"、"个人主义"以及"白专"道路、"崇洋湄外"等等。青主退休了，不用再参加这些政治学习和活动，所以，他在苏州第一年生活得如此幸福，成天逛园林、吃饭店、逛旧货店，过着平静、安逸的生活。每到星期六一早，他就盼着我们归来，每到星期日晚上我们告别时，不懂事而又似乎已开始懂事的三岁孙女,总为舍不得她的双亲离家而嚎哭,只好由祖父抱着带她去看房东在房屋内侧饲养的"羊妈妈"解围,才能停止她的嚎哭,让我与孝蓉得以平静的、暗自垂泪的离开老家,穿过夜幕,搭上公共汽车奔赴火车站。

多少次,每当我好不容易盼到周末返抵家中时,面对着饭桌上的佳肴:青主从旧货店买回来的那些精细的瓷碗碟中,盛放着几块苏州风味的酱鸭、酱肉、炒虾仁时,我总要在心中暗自思忖:这一切不都会是构成我日后回忆时痛苦的内容吗?奇怪的是:当时我的双亲还健在,并无病兆,而且生活得这样幸福,可是我却会有那样强烈不安的、伤心的感觉,并又使我联想起"穿心"二字,这也许正是人作为高等动物的第六感官潜能在起作用吧!青主在苏州过他的退休生活,愈是觉得幸福,我就愈感到恐慌,唯恐这不能持久,而只能构成我日后感伤的回忆。事实果真如此:青主只能这样幸福地度过他唯一一年的退休生活。他听信了我的劝告,停止了翻译,有多少钱用多少钱,尽量买自己喜欢吃的、用的,买旧货店里的小用具、小摆设回来赏玩,不断去逛园林,并且还常手牵着小孙女一起去,或把她放在自己的脖子上,让她"骑肩头马"。据我母亲说:他们三人时常出去散步或购物,走不了许久,可恶的小孙女就懒得走了,赖站在地上不动,吵着要奶奶或爷爷抱着走。于是,只好由爷爷让她"骑肩头马"继续前进。幸亏这时爷爷的身体还很健壮,能够胜任充当这"孺子马"。

1958年是中国开始忙于"大跃进"的一年:挑灯夜战、"放卫星"、等活动连续不断,弄得我们经常周末也回不了家,害得年老的双亲分外失望的,只好带着小孙女度过了又一个冷冷清清、趣味索然的周末。不久,大炼钢铁的运动在全国展开,苏州也不可能例外,遍地造起了"小高炉"炼铁,穿心街也无法幸免:青主所住的六号小院子的高墙外就造起了一座"小高炉",

马达成天轰轰作响,这已经使最怕噪声的青主走投无路,而且喷出来的煤烟随风飘过墙来使他难以轻松地呼吸。他安享了一年的安静环境就此不复存在。他一向最需要清鲜的空气,可是,如今他哪里还有可能再度迁居,而且不论迁到哪里也难以再度寻觅到幽静的场所。所以,他只好成天躲到附近的怡园或沧浪亭中去,因为唯有那些地方没有建起"小高炉"。但这终非长远之计,因为他怎么可能整天、整夜呆在那里不吃、不睡呢?!食物供应也日见紧张,有钱也难以买到肉食或在饭店里吃到荤腥。他在苏州和南京一样,饼干筒里总要装满甜食和饼干供他随时吃,尤其在饭后作为"饭后甜食",这是他这个广东人一直有的生活习惯。这时年已三岁的小孙女不仅同样嘴馋,而且已懂得有话不直说。当爷爷抱着饼干筒吃起来的时候,垂涎三尺的小孙女就会这样说:"爷爷,爷爷"(这时她的叫声显得格外亲切、温和),"爷爷的嘴又动了!"至于后面的那半句潜台词"小冲怎么没得吃呀?"是不消由她说出的,因为善解人意的爷爷会马上把一块块的糕点从饼干筒里拿出来,塞进小孙女的口中,于是祖孙二人就一起大嚼不已。

  当年的物资供应日见短缺和困难,不论在上海和苏州,连苹果也不容易随便买到。有一次,我幸运地买到两斤苹果,高兴万分地带回苏州孝敬双亲。青主将苹果一只只地、高高地放在他钉在墙上的一排排放书的书架上,仿佛是贡品。奇怪的是:当我下次返回苏州时,看到那些苹果在书架上的书上面放着,仅以太慢的速度在减少。我再三催促青主快些吃掉这些苹果,可是他却一反常态地不见行动。及至我再次返抵家中时,却轮到青主反过来劝我去吃苹果了。他再三要我吃它,说:这比让他吃能使他更高兴。经不住他一再催促,我只好吃起苹果来,可是,这样吃的苹果味就不好吃了,那不是由于苹果已放久,而是由于我实在不忍心吃掉这个苹果,而真心实意地恨不得青主去吃它。这时我联想起歌德的诗句:"谁从未曾带着眼泪地吃过他的面包?"我就这样心头上淌着眼泪似的吃下了青主强迫我吃下的那只苹果,这滋味是任何其他吃苹果的人所不可能体会的。

有一次我们周末返抵家中,青主异常兴奋地告诉我们:最近,他搭公共汽车去阊门,在一家熟食店买到了酱肉。他已经和那个卖肉的拉上了关系,每次去,他都拿着大刀,看到是他来买,就狠狠地切一大块酱肉卖给他。所以他为我们的归来再次不辞劳苦地去阊门买回了酱肉来。于是我们吃着这酱肉,肥美的肉油滋润着我们的心头,这对当时很少能吃到足够脂肪的人说来好比久旱逢甘露。这时,我想起青主在南京时常说的"享王侯之福",深感古代的王侯哪有我们这样的幸福。他们的肉山酒海怎及得上慈父此时此地远去阊门买回的酱肉滋味好!

双亲领着我们去沧浪亭游逛,那里古色古香的景象和气氛使我陶醉、迷恋,恨不得能有较长一段时间来苏州和父母亲居住,再安享一下我自幼年、童年、少年以来一直习惯过的那种家庭生活,经常来这沧浪亭安享人生与亲情的美好……可是这时的学校中连寒暑假已不放,忙于搞"大跃进"、开会、搞运动,谁也不能缺席或请假。往年每逢假期我得以返回南京,并在双亲身旁度过一段无比美好的时光的旧梦已不可能在苏州再度实现了。

退休后的青主对我这个他唯一的儿子似乎难舍难分。好几次,他和青君带着小孙女跑来上海看我们,尽管我们当时的寓所在淮海中路上海新村七号,只是一小间约十几平方米的小"亭子间",即从底层到楼上的楼梯转弯处的一小间房间,只能放下一张双人床和一只小桌子和一张凳子,所剩下的空间就已经难以行走了。平时我与孝蓉两人住还勉强凑合,再增加两个老人和一个幼女,简直难以转身,就好比一小罐沙丁鱼那样:几条小鱼平躺着,几乎没有什么剩余的空间存在。每到下午,从西面的窗子晒进来的阳光把我们好比烤箱中的肉那样无情地熏烤着。薄薄的一层窗帘哪里能遮挡住那严酷无情的阳光折磨?！我们当然将大床让给双亲带着小孙女三人挤着睡，我和孝蓉就在床前打地铺过夜。清晨必须等我们卷起地铺，床上的人才得以下床。我们五人挤在这样一小间房内过上好多天，却不觉得艰苦，因为对于能团聚在一起的亲人来说，这团聚本身的欢乐是不会被狭小的空间所限制的。所以，青主和青君带着小孙女来住，总是"乐不思蜀"地一来了就不走，宁愿舍弃苏州那三间宽敞的房间来和我们团聚，因为我们为了"大跃进"已难以于周末返回苏州。这时，青主多次亲切而感伤地对我说："儿子呀！我年纪大了，离不开你，想和你在一起呀……"多少次，当我偶尔骑着自行车去西郊公园等地路经城郊时，眼见路旁一排排的房屋，我总会以万分羡慕的心情反复观望，心里想道：如果在这样一栋房屋中有几间房供我与双亲三代同住，该是多么幸福！可是，那只能是梦想，因为当时的住房是有钱也租不到的，必须由单位分配，我作为一个刚毕业的助教，孝蓉作为一个刚从北京调来上海音乐院工作的翻译，怎么可能分配到比上海新村这间亭子间更大一些、较好一些的宿舍呢？

　　有一天，我和孝蓉从学校下班回家，门开处看见青主打着赤膊，坐在地板上铺着的席子上和小孙女逗着玩，奶奶躺在床上休息。从窗外晒进来的阳光使室内的温度不低于摄氏三十度。这时虽已近黄昏，但夕阳的余威不减，这就是上海六月以后盛夏惯常的气候，而且一点风也没有。即使室外有点风也吹不进这亭子间的斗室来，因为两扇窗子都不朝南。青主汗流浃背，气喘喘地在与炎热搏斗。即使如此，他也不情愿提早回苏州去，而宁愿和我们在一起生活。我们在这间斗室中只能用一只小炉子烧饭菜，吃得十分简陋，远比不上他们在苏州，而且在房间里十分阴凉，花园里还有一口小井，每到夏天，青主只穿着一条短裤站在井边，把一桶一桶从深井下吊上来的凉水从头到脚地浇下去，正像广东

173

话所说的,那是真正的"冲凉",而在我们这里却只有和二楼住的邓尔敬教授一家共用一间厕所和洗澡间,根本不可能那样"冲凉"。我看到青主这样狼狈不堪地在我们的亭子间里受热,只好老着脸皮去向邓尔敬先生和他的妻子商量:是否能在中午午睡时间让我们借用他家二楼那一间客厅,在那架大钢琴下面铺一条席子供我的父亲去睡中觉,也好让他享受一下朝南的大房间有时吹来的穿堂风。邓先生夫妇答应了我的请求,于是每天午休时,我就和青主上二楼去,在地板上铺上一条竹席,让青主得以午睡片刻。

有一天,青主、青君带着小孙女去附近马路散步回来,对我们说:他们走到湖南路音乐院另一宿舍"福园",看到那里绿树成荫,一排排的楼房和南京的大钟新村南京大学宿舍相仿。他看到我的同事们住在那里出出进进好不羡慕,对我们说:"如果能住在那里,可真是幸福了!那真不愧是福园。"其实,福园远不及我们在南京住过的大钟新村好,房间也不及大钟新村的大。当然,比起我们现在住的上海新村这间亭子间,那已经可以算是"福园"了,难怪青主和青君如此羡慕。青主在苏州穿心街住房的条件远比福园和大钟新村好得多,可是,只在那里住了约一年的青主和青君已感觉不满足,而一心想来上海与我们一起居住。许多人家恨不得与自己的上一代或下一代人分开来往,而我的父母和我却正好相反,这说来似乎奇怪。尤其是80年代我在西德,眼见人家的孩子刚满十八岁就立即要搬出去单独住,有些当父母的也恨不得孩子早些达到成年人的年龄(十八岁),以便能搬出去住。不同的民族和不同的家庭确实有着不同的生活习惯和不同的感情和价值观,也许我和我的双亲是一个极端的例外吧。

1958年是"大跃进"年,根本没有放暑假。回想起自1952年以来,哪一年我不是赶回南京与双亲共同度过愉快而幸福的暑假,而1958年的暑假只剩下"暑",却没有"假"了。想不到

1959年的暑假时,青主竟已离开了人世!所以,这已是我与他共同度过的最后一个夏天了。可是,我们再也不能在玄武湖的荷花丛中荡舟,再也不能每天午睡醒来,每人吃半只陵园西瓜外加一块中冰砖,连两三岁的小冲也不例外地有如此的海量。1958年的夏天,中冰砖有时在上海还能买到,可是西瓜却已绝迹。

　　住了一阵子之后,青主和青君少不得带着小孙女依依不舍地回苏州去。我们则忙于在学校中工作、开会和不断的下乡,周末回苏州已是难以实现的奢望了。1958年末,我随学校的一个分队前往苏北进行"六边"活动,即边教学、边采风、边创作、边劳动、边演出、边体验生活,那是"大跃进"和"教育革命"的产物。一去就是几个月,不但课上不成,连几个月回一次苏州老家的梦也休想做。历次下厂下乡,再艰苦的生活和劳动对于我说来都不在话下。每次下乡,由于我用不着用功学习和脑力劳动,干些体力劳动反而有助于我克服因神经衰弱而失眠。从小,我随着青主在家中习惯于干粗活,使锄头、铁铲、斧头以及拉锯子等样样都会,力气大得很,所以我在劳动中总能不觉得苦和累地胜任自如。在苏北进行"六边"活动,我的任务主要是打前站、联系工作、了解情况和编写快板,所以过得很轻松、愉快。唯一的不愉快是回不了苏州,只能不时写家信寄回去,父母来信则有些困难,因为我在一地只停留几日,只好预先告诉他们若干天之后我将到达某地,让他们偶尔也按我写的地址:某某县委宣传部请转上海音乐院廖乃雄收,这样才可以收到双亲给我的来信,一般总是由我母亲执笔,青主很少给我写信。有一次意外地收到青主亲笔来信,原来这封信非比寻常,他告知我:我的姨父、他的连襟许茹香先生无缘无故地在上海家中病故了。他的年龄并不老,只六十多岁。这可给青主敲起了警钟,也给我以极大的震惊:既为姨父逝世悲痛,更为我自己的生父担心,担心他是否能够健康、长寿。收到这信的那一天,是我刚到达苏北某县的第一天,住在招待所房间里，我一夜不敢把电灯熄掉，因为我这时仿佛已见到了死亡的阴影。没有通宵伴我的灯光，我害怕那黑暗的阴影会不仅使我失眠，更使我心惊胆战。一种不祥的感觉再次袭击着我的思想、感官，就像我经常周末回到苏州穿心街六号时，尽管眼见双亲健康并且生活得很幸福，但心中却充满不安，唯恐眼前的这一切只能构成日后悲痛的回忆那样。果然，不久之后，我就又收到了母亲来信，说父亲最近身体不适，去看了中、西医，在服中药。青主一向身体强壮，吃得下、睡得着，而且能倒头就睡，神经健全，不似我母亲，而且他经常在家中干体力活，每天总要外出散步几小时，甚至冬天也能在太阳下洗凉水澡。除了1950—1951年间在上海曾经因尿血症住医院开刀外，很少生病吃药。得知他生病使我顿时忐忑不安，一种不祥之兆更强烈地袭击着我。这时我身在苏北，心在苏州，眼前一个亲人也没有。我恨不得像小鸟一般能飞回家中，可是我哪里有翅膀，更不可能有休假！只好让一封封的家书带上我的思念和不安，但又怕吓了父亲，只好勉强地安慰他，说姨父退休后终日、终年关在上海里弄房子的楼上，生活得太不健康，而且生病也迟迟不去看，以致耽误病情，哪像爸爸一向身体强健，而且懂得健康地生活等等。

  好不容易盼到"六边"活动结束了。我们这个"江苏队"的全体师生即将渡长江后乘火车返回上海。我很幸运地能在集市上一个小贩那里买了许多白芝麻糖，五分钱一条，我包成一包放在背包里，准备带回去孝敬双亲，因为这时的苏州已和上海一样很难买到这一类甜食了，而青主是"一日不可无此君"的，他那张"爷爷的嘴"每天饭后非动几下不可。哪里晓得有一个粗心的同学一屁股坐在我放在椅子上的背包上，把那些刚做好不久的芝麻糖压成一团，我见到好不伤心，可是，仍然决定带回去孝敬青主，因为除此之外，我在苏北又能为他带回什么好东西呢？作为儿子的一片孝心以及内心的不安，又能用什么别的方式来表达呢？在上火车前好几天，我向领导提出请求：请允许我路经苏州时下车回去探望双亲，几天后再赶回学校，想不到一直表扬我工作积极的这位女领导竟不批准，理由是：如果我迟几天返校，会失去体验全院赴各省的各个"六边"分队返校后进行全院汇报演出的机会，那些汇报演出的动人场面和热烈气氛会对我的思想改造有好处。我再三说我的父亲生病，更为姨父刚去世而深受刺激，盼望我能回去一次，结果也无济于事。没有领导的批准，我就不可能回去探望双亲，于是只好写信告知双亲何日何时火车路经苏州。想不到带病的青主竟在我的母亲陪同下，一起进入火车站月台来看我。在苏州站停车仅几分钟，能让我们说上几句话！单从青主的面色上来看，他已显得十分憔悴。这和1954年冬我去天津路经南京时，他也到月台上来见我一面时的模样适成反比：当年他为我去向德国钢琴家学习和当翻译容光焕发，而这次却为我不能归家而十分沮丧。他对我说：他最近肝部常有痛的感觉，看了中医，吃了中药才好一点。这顿时更加重了我的担心，生怕他有什么大病。我匆忙地将那包芝麻糖交给母亲，要她和父亲一起吃。事后母亲告诉我：父亲看到那些芝麻糖已被压成一团团的，而且又受了潮气有点溶化，从而实在吃不下去，最后只好由母亲硬着头皮分几次才把它吃完，这使我异常失望和伤心。

　　返上海后，不断"放卫星"、搞运动，使我们根本不能周末返回苏州。因为星期日和休假就像寒暑假那样，在"大跃进"的年头已成为"落后"的、"资产阶级"的事而自行消失了。不久，我接到家信，说父亲胸部右侧长出一个小硬块来，得来上海诊治。于是，我和孝蓉赶去北站迎接，青主在青君搀扶下带着小孙女一起来到，一下火车我们就见到青主的面容更为憔悴了。好不容易找了当年青主尿血住医院时认识的梁柏生医师，联系好去同济医院看病。梁医生尽量安慰我们说：不要紧的，时常会有这样的囊肿，不会成为大患的。我只暂时地感到过轻松，心中自我安慰地想道：现在我比表哥们幸福多了，我的双亲仍然全部健在。

好不容易使青主得以住进大光明电影院后面凤阳路上的同济医院分部，去进行切片检查，即：从他胸部右侧的肿块切取一小片出来化验，看到底属于什么样的病，过几天可知分晓。如果是良性的话就不要紧，如果是恶性的癌就难以治愈。据梁医生分析，他至今胃口好、吃得下，看来不像是癌症。我们抱着七上八下、心乱如麻的心态，轮流去病房探望他。由于他属于一般病人，睡在一个有许多张病床的大病房里，仅剩下有一些通道的空间而已。有一次我去看他，只见他更加消瘦地躺靠在病床上，见我来到十分高兴。透过对面的窗口射进一道阳光，使他的面容似乎好看了一些。这时，他还并不感到恐惧，因为我们瞒着他，根本没有告诉他切片化验看是否癌症。他的自我感觉也还可以，尽管肝部仍有痛感，人的精力也远不及以往。他强颜欢笑地对我说他写了一首小诗：

> 难得晴和难得暖，
> 不愁贫病不逃禅。
> 透窗红日多情甚，
> 照我虚堂自在眠。

想不到这竟是他毕生的最后一首小诗了，它可以说得上是一首写实的即景诗。大病房中确实有透窗的红日，但他睡在这拥挤的病房内，哪里谈得上"虚堂自在眠"，这显然是他聊以自慰的诗作而已。他将这首诗念给我听后，尽管我一向记忆力不佳，这次却能就此牢记。真得感谢上苍：不是凭白纸黑字而是凭记忆使他这首临终前的遗作得以传世，否则就只可能和他众多的诗作那样或被遗忘，或被化作灰烬而永远消失。

这时，孝蓉正在上海音乐学院为民主德国的女竖琴教师上课当翻译，成天忙得早出晚归，但也尽可能找时间来医院探望她的恩师兼公公。过了几天，化验结果出来了：确诊是肝癌，并已转移，无法开刀割除。医生关照我们不如让病人出院回家，说："看来还可以活三到六个月吧。"

天幸这时我和孝蓉已分配到一间较大、较好的房间居住，在南汇路85弄14号。那是一间24平方米的大房间，还有一个阳台，地板也镶着木条，不似上海新村的水泥地。我们偶然经过旧货店，看见有一张黄色呢面的旧沙发，买了回来，这是我们房间内唯一一件较舒适的家具。青主回到我们的房间内，感到比在医院里舒服多了，尤其是那张软软的大沙发正好适合他宽大的身躯。可是，他无法再睡在他那张长年来已睡惯的钢丝铁床上（那两张铁床这时在苏州）。我们三代五口就把唯一一张小床让给青主睡，其余四人均打地铺，好在这间房间是木制的地板，只消铺上一条席子，再加上一层被单就可以睡了。我们约好：绝对保密，不要增加病人的精神负担。每当下班回到家中，我就尽量陪青主谈天说地，找一些可能使他开心或想听的事和话对他说，尽管我的心里不断在想："我这不是在骗他吗！"哪有比这更痛苦的事：强颜欢笑与他谈天，而内心却在淌着泪。幸亏这间房间朝南，有阳光照射进来。这时的气候还不太热，是三、四月间，所以还欢迎阳光射进来。青主和我一样毕生喜欢晒太阳。我从小在昆明时，他就和我一起经常打着赤膊在露天晒太阳。想不到事隔二十余年，好不容易盼到我成长了，毕业、工作、挣钱了，能分担父亲的一部分负担了，却几乎马上地，他就患上了这不治之症。如今我们父子再度相聚在一起晒太阳，尽管这里的阳光远不及昆明露天的阳光，但也还能使人温暖。这显然已是我们父子永别前的最后一度阳光了！我的眼泪从不敢当着他的面流，每当眼泪即将夺眶而出时，我就藉口上厕所奔出房外，到这一层楼的厕所里去流泪。好在这厕所内有一面镜子，可以让我照见不再看得出有泪痕时才返回住房,继续陪父亲谈话。

有一次听同事史大正先生说:听说有一位私人中医师,姓刘,曾治好过癌症。于是,我马上要了他的地址,前往刘医生家中请他出诊。他的出诊费是三元,这在当时是一个大数目,因为一般门诊费只二角。刘医生来看过病人,开了方子,出来时对我说:"看来我们相遇恨晚了!"我本来也并没有抱有很大的希望,只是尽人事而已。果然,吃了他的几贴药丝毫不见效。刘医生出诊了两次后,我们也就不再请他前来,这时,青主连中药已难以下咽。

青主逐渐地丧失了他惯有的好胃口。我们尽量买或做好吃的、能滋补的食物给他吃,竭力劝他多吃。可是他吃不下。有次我特地买了用开水冲服的藕粉,这属于他平日每天爱吃的甜品或饭后甜食,可是,不论我怎么劝说和鼓励,他勉强地吃了两小茶匙就停止了。我心中有数,这是晚期癌症的致命伤:吃不下去,并逐渐消瘦。可是,胃口的衰退并不意味着生命的意志消退。青主逐渐地意识到自己患了不治之症,尽管他不知道、也不追问是什么绝症。但是,他仍坚持着想活下去,多次表明自己不想死,想活下去,和我们在一起。老朋友、复旦大学经济系朱伯康教授来探望他时,他睡在床上说:"救救我吧!救救我吧!"可是,再好的朋友这时也爱莫能助,只能告别后在门外流泪。在他重病垂危的日子里,他对我们从未作过什么嘱咐,也未留下遗言,只有一次他上气不接下气地对我说:"你写信告诉北京音乐出版社:他们约我翻译的《音乐美学问题》,我不能翻译了,由你继续。"他断断续续地好不容易才说完这几句话,这几句话里隐藏着怎样一种精神:即使在这样的时刻,他毕生一诺千金的习惯,办任何事都认真负责的精神,一点也没有消退。这并不说明他重视这本书,而只说明他对自己、对工作负责。他逝世后三年,我终于将该书译完,1963年在北京音乐出版社出版。

青主在南汇路85弄14号二楼上只住了一个多月。开始约两周，情况还没有那样恶化，这时他最大的乐趣是半躺式地坐在黄沙发上，握着小孙女的小手，口中念念有词地反复说着："小手滑呀，小手滑呀！"似懂事尚未懂事的三四岁孙女望着重病的爷爷，不知道说什么好，这时，她早已不再说什么"爷爷的嘴又动了"之类的话，但也还不懂得说什么能够安慰爷爷的话。真是感谢上苍让我得以赶在青主生前的最后几年为他生育出一个嫡亲的、唯一的孙女来，出世后不到几个月，就由爷爷、奶奶抚养她，一直形影不离地与爷爷、奶奶一起生活，度过他生命最后的四年，尽管增添了他的负担和操劳，但却给他带来了莫大的精神愉快和安慰。1955年冬，儿媳第一次将这小孙女从北京抱到南京时，爸爸妈妈双双来火车站迎接，爷爷一见到小孙女就口口声声地以"小天使"相称，宝贝得不得了。尤其是在苏州的两年中，爷爷带孙女的次数也更多了：一来爷爷退了休，二来孙女已长大了些，更懂得逗人玩了。除骑爷爷的"肩头马"外，还像我小时候青主常将我放在他的双膝上教我怎样骑马那样：一只手"拉"着马缰绳，另一只手代替鞭子打"马屁股"，于是青主的双膝就不断地上下动作起来，表示马放开脚步行走了，如果反复地、加剧地"鞭打"，青主的双膝就快速地跳动起来，那是马在狂奔，弄得我坐在上面坐不稳的，只知道哈哈大笑地险些掉下来。从我骑青主的膝上马到廖冲骑他的肩头马和膝上马，这二十多年间，青主抚育了我和我女儿两代人。这两代的抚育之恩操尽了他作为孺子牛的心。尽管他的"家教"不严，和祖父管教他截然不同，而我的哪一样不是他家教的结果？这也正是中国新旧两个不同的时代和两种不同家风、家教的绝好反映。

我1958年9月开始工作、领工资后凑足五十元整数按月寄去苏州，青主几次感慨万分地对我说："想不到我现在竟要用儿子的钱！"说时，他热泪盈眶。其实我总共只寄了半年左右的钱回家，他已为此事耿耿于怀，仿佛大不应该似的，却丝毫没有想到自己为儿子和孙女两代付出了多少精神和物质的代价，这是他一贯为人的习惯。1959年初我返回苏州时，他曾多次对我万分感慨地说："真要感谢你的二舅舅！我几次看病都是他陪去，有一次下台阶，我一不当心，差点跌下台阶，幸亏他急忙扶着我，否则我真会跌死！"他说这话时是这样感动和感激，那不仅从他眼中的泪花，也可以从他那颤抖的声调中让人感到。他就是那样一个人：不管自己曾经怎样给过别人多少（包括接济贫穷的二舅），从不计较、从不放在心上，而对于别人对自己哪怕有一点恩惠也念念不忘，感恩不已。这再好不过地体现了"**给予远比接受美好**"的真理。他经常说："**生平只怕受恩多**"，不到万不得已，他绝不愿求人。他是一个重感情、至情至性的人。他很多年前曾对我说过：40年代初，他将连襟许菇香先生全家六口人一起接到香港来长年同吃同住时，有一次我的姨母感动地拉着他的手，叫他摸自己的心房如何激动得在跳。青主说："她真是感动呀！拉着我的手去摸她的心，这在中国妇女是极少有的事呀！"他对这件事念念不忘，认为这已足以是对他接济的全部回报了。他在家中经常说的一句话是："**人之相知，贵相知心。**"这就是他的价值观，他一辈子以此待人、待己，从不计较自己的得失和别人对他是否报答，他一贯重精神而轻物质：从青少年时代起就不把金钱当作是什么珍贵的东西，而把人与人间的情感当作第一位的无价之宝。

他在南汇路我们那间房间内度过了几天安静的日子后，窗外一墙之隔的里弄工厂就发出了持续不断的电马达"呜呜"声，那是"大跃进"的产物：到处开工厂，里弄也不例外。那声响尽管并非震耳欲聋，但却远近可闻，而且是持续不断的。青主对我说过：他最怕听这种持续发响的声音，那就像一个挥之不去的魔影笼罩着他的心灵。从此，这位垂垂病危的老人失去了他最后的一点宁静，只能成天唉声叹气。作为儿子，作为一个明知道他的日子已屈指可数而又不能明言的可怜人，我又怎样才能为他找到一个没有这种噪声搅扰的空间呢？把他搬回苏州老家去的话，我们怎么能请长假去照顾他呢？而且那里也不再安静，也有隔壁的"小高炉"把煤烟和噪声经常传送到这边来。我们刚从上海新村的亭子间搬到这间又大又好的房间里来住，哪有可能再搬到更好、更安静的住处去呢？我和孝蓉急得像热锅上的蚂蚁。可是，窗外那无情的马达声仍日夜不歇地发出"呜呜"的声响。去找上海音乐院主管后勤的领导央求，设法解决困难。他亲自来实地察看后表示："你们的居住条件已不可能发展得更快了。"最后，只好由领导出面与隔壁邻居同事商量，请该同事的妈妈、住在同一层楼的"小脚老太"将她的住处——一间极小的、安装电表的房间暂时让出来，容我们将这垂危的病人搬进去，度过他最后的几个月或几星期。这时青主的病况已日见恶化，看来医生说能再活三至六个月，恐怕已估计过高了。

那是一间狭长的小房间，墙上装着整栋三层楼共约六户人家的总电表。它唯一的小窗子朝北，面临弄堂，不时从里弄里传来孩子们玩耍的声音以及来往行人的脚步声、说话声，甚至还有间隔着一排房屋，从北京西路传来吵杂的汽车声等，可是，这一切声响的总和比起我们房间一墙之隔的里弄工厂传来持续不断的电马达声，对于敏感于噪声的青主说来要好得多。他宁愿生活在吵杂的噪音袭击下，也不愿让单调、冷酷、死板、固定的持续音，把一个人的听觉乃至整个心灵日夜不歇地束缚住，使之凝固、使之僵死，所以他宁愿放弃 24 平方米的大房间，藏身于这样一个狭小的电表间，作为他离开这人世的最后休息场所。

得到了这样一个藏身处，我们已十分感激后勤科的领导、邻居以及他年高的妈妈，如果没有他们的帮助，我们将难以为他送终，而他也不愿意在这最后的时刻离开我们任何一个亲人。

母亲、我和孝蓉三人日夜不断地陪伴着他，眼看母亲快要支撑不下去了。青主的病况不断加速变化，逐渐连情感似乎也变得没有了，虽然还有知觉和意识。当他疼痛得无法忍受时，只好请人来给他打吗啡针以减轻他片刻的苦痛。

1959年5月5日清晨，母亲跑来对我说：看来，爸爸就要过去了。我立即进入那斗室观望，这时他已显得知觉麻木，但还认得我，甚至还说要大便。我扶他坐在便盆上大便后，他全身瘫痪似的卧倒在地铺上，很快地，他呼吸急促，眼珠不断向上翻，我知道：最后告别的时候来到了。这时他显然已不再能言语。于是，我情不自禁地向他说出了这样几句话："爸爸，你的病医治不好了，让我们相信总有一天我们会重新在一起的，我们一定会重新见面的……"这是我这时出自肺腑的话，因为我知道在人世，我们父子相聚的时辰眼看就要结束了。我半辈子在青主极度唯物主义生死观信念的影响下，一直不相信人死后还会复活或在另一个天地中生存，但是此时此刻我只能"违心"地向他说出这几句最后的告别话，以期能对他在精神上和情感上有一点安慰，希望他能抱有这样一个美好的期望离开这个此外已不可能再有任何慰藉的人世。我非常羡慕有宗教信仰的人能有信仰的幸福，而我却做不到。这时母亲和孝蓉也赶来，虽然无法同时进入斗室内，而只能挤在小门口。就这样，我们三个最亲的人为他送了终。为了防止年方四岁的孙女被吓坏，我们没有让廖冲来，直到我们打电话给上海音乐院后勤科的王浩川先生按事先已约好的，由他带人一起来料理青主的后事。王浩川先生是三十年代初老音专的工友，当年曾见过青主。他亲口告诉我：他曾经去过格罗希路青主和华丽丝的家。所以，这次由他率领几个人一起来将青主的遗体抬下楼去。这时，四岁的小孙女才看到她的爷爷怎么这样一动不动地被人抬下楼去，顿时放声大哭起来。

我们全家一起随着青主的遗体乘同一部汽车到达殡仪馆，眼望青主的遗体被放入棺木。这时，他显得如此消瘦和苍白，但却如此平静，仿佛什么事也没有发生，只在安然地睡着。直到这时，他的头发仍然是乌黑的。入葬后，殡仪馆的人来问我们摆几桌酒菜，使我们感到莫名其妙。我们根本不懂得什么办"红白喜事"同样要请客吃饭的风俗习惯，当即表示一桌酒菜也不摆，我们哪里还想到要吃饭！我们就这样在绝对的沉静中与我们至亲的人永别。

当时国家还没有规定一律火葬，所以青主被土葬。我母亲的父母葬在上海北郊的联谊山庄公墓，所以我们也去那里买了一块墓地。入葬时，上海音乐学院的两位副院长丁善德先生和谭抒真先生，特地前来行鞠躬礼，以向这位老一代的音乐家致哀。我母亲亲笔写了墓碑，立碑人的名字中把她、我哥哥、我、孝蓉以及孙女廖冲的名字全写了上去。

青主的墓地连同我外祖父祖母的墓地以及整个联谊山庄，都在1966年"文化大革命"中被"红卫兵"们捣毁，据说还曾用手榴弹炸过，夷为平地后，地面上盖起了工厂。我母亲曾去看过，到处寻找，再也找不到任何遗迹。她亲笔写下并刻成的青主墓碑一定也被粉碎了，更遑论青主的棺木和遗体。这使我回忆起青主在上海复旦大学教授德国文学时曾经教过的一首德文诗：

梦

海尔曼·赫塞

(Hermann Hesse，1877—1962，1946年诺贝尔文学奖金获得者)

> 永远做着同一个梦：
> 栗子树花开得火红。
> 唯有那孤寂的老屋
> 坐落在盛夏的园中。

在这所宁静的花园,
母亲摇过我的摇篮。
那是在遥远的过去,
如今一切烟消云散。

或许那里已在施工,
牵犁使耙把路开通。
房屋花树无影无踪,
只剩下了我那个梦。

(廖乃雄译)

  青主在世时,尤其是三四十年代他爱喝酒时,曾多次对我们说过:"古人的诗中说:'一滴何曾到九泉'。让我现在喝吧!等我死了以后,你们再用酒来祭拜我,我哪里会知道! ……"这就是他的人生观,所以我一直遵从他的教导:尽可能地在他生前对他好,而不是在他死后。他从不曾有过宗教信仰,对死后也从不曾抱有再生的幻想。正是他这种思想从小影响了我,决定了我与他同样的思想信仰:肉体不复存在,再祭拜也不可能使死者有知,死后祭拜,远不如在他生前对他好一些。青主在40年代时曾教我念过陆游的诗:

死去原知万事空,
但悲不见九州同。
王师北定中原日,
家祭无忘告乃翁。

  青主并不期望子孙日后祭拜他,也没有说过死后期望得知他生前曾热望过的什么事。送葬后回到家中,我曾写过一首德文诗以寄托自己的哀思,具体词句已记不得,但清楚地记得那大意是：我要把父亲永远埋葬在我的心底，那里没有风雨的侵袭，也没有任何是非和骚扰。那里才是他真正的墓地、永远的安息处。

青主离开我们已近半个世纪，这期间的风风雨雨和喜怒哀乐使我更懂得去珍惜人生的美好，更怀念他对我永存的恩爱，也更强烈地意识到他对我毕生各方面的影响：远不止于为人和性格的方面，也不限于学识和艺术领域，而更在于怎样去走完这整个人生的道路，我事实上正是踏着青主的足迹，在继续走他已经走完了的人生道路，尽管时代、社会不同，个人环境、遭遇和经历不一，但道路的方向、曲折却是基本上沿着他的轨迹在前进的，岁月和地域的变迁并未改变这一切。

想不到自80年代起我多次来到了柏林追寻他的足迹。可惜他已不在人世，否则我会有多少话要告诉他，有多少问题要询问他！我自1980年起几十年间在亚、欧、美三洲四处奔走和居留、生活和工作，深深地接触到各种不同的文化艺术、风土人情以及不同的思想意识，这些都只能更加深我对青主的热爱和怀念：他走过的人生道路是曲折、艰辛的，但却是富有意义的，决非虚度此生的。他对祖国、人生、艺术和学术的热爱是深刻的。他不仅是我的慈父，也是我的恩师，他不仅和我在一起生活了二十六年，更将在精神上陪伴我一直生活、学习和工作下去，直到现在、直到未来我生命终结时；这也将保证我会和他一样，是不会虚度此生的。

80年代中、90年代末以及本世纪初，我多次返回南京、苏州去追寻他的足迹。每次我来到他和我一起住过的地方，都再次感受到他巨大的身影。2004年，我特地来到广西，在桂林和八步旧地重游，以期能找到1944—1945年发行的"八步日报"，收集他在那上面发表的许多诗词。遗憾得很：旧报也已在"文化大革命"中被烧毁，我在八步只能重见到我家住地对面的灵峰山，那是我如今唯一能够找到的、未曾改变的遗迹，同样在桂林的桃花江畔和郊区甲山,当年空旷的农田上已建起许多房屋,唯有平地上耸立的一座座小山峰仍然丝毫未变地存在。

在他的影响下,我并不相信人生终结后能进入乐园,也难以期望在度过冥河后能再与双亲重逢。我非常羡慕巴赫等虔诚的教徒能有死后再生的信仰和憧憬,而我却只能正如我1979年重返南京沿着玄武湖畔的古城墙向孝陵卫走去时所写下的纪实词,把唯一的重逢希望寄托在梦中:

菩 萨 蛮
重游玄武湖思亲

古城故道寻踪迹,
蒋山依旧伤心碧。
往事已如烟,
难忘虚度年。

一池玄武水,
化作思亲泪。
仰面望长空,
重逢唯梦中。

附录：从物我、今古、中外的交汇与冲突看青主

在中央音乐学院举办的青主国际研讨会上的发言，2001年，北京

廖乃雄

青主（1893—1959）逝世已近半个世纪，今天，我们重新来纪念并探讨他，有必要对他的生平、思想和创作进行较全面的回顾。

青主并非专业作曲家。在他六十六年的人生道路上，他只从事过五、六年音乐，在这短短的五、六年间写过三十几首歌曲和音乐论著《乐话》、《音乐通论》以及六七十篇音乐论文，并主编过上海音专的音乐刊物《乐艺》，此外还撰写过两篇短篇小说《丑的美》和《半月子的回忆》，著有《诗琴响了》、《歌德》、《女性美的研究》，并译过海涅的《抒情插曲》和《豪福童话》等一些文学作品。从事音乐在他一生中只能说是一段插曲。1927年，以"著名共党"的罪名，报刊上以大号字体印出廖尚果的名字，要在全国范围内捉拿他。他好不容易逃离广州，躲到上海租界，不敢外出，只能在家中靠作曲、写文章谋生。想不到这五、六年间他亡命乐坛，却为中国近代音乐史制造出一位青主来，他的笔名为此进入了中国近几十年出版的辞书。

青主也不是真正的政治家,更不是军事家或法学家,尽管他在这些领域均曾涉足:青少年时参加过辛亥革命,通过战斗曾荣获银质"革命军功牌"两枚,并为此被派往德国留学,返国后,在北伐战争时期当过大理院推事(相当于最高法院审判官)、法官学校(实际上的)校长和国民革命军第四军政治部主任等职务,此后在抗日战争时期,也在第七战区司令部当过中将顾问等,但是,军、政、法界实际上都不是他本性归属的天地。

青主自幼倾心于老庄哲学,醉心于中国古诗词。他修身养性、为人处世,在很大程度上深受老庄哲学影响,至于中国古诗词,更是他自幼至死手不释卷,并不断陶醉和吟咏的对象。他少年时在黄埔陆军小学攻读,耽溺于吟诗填词,以至老师、辛亥革命军中赫赫有名的将领邓铿见到他,常问道:"廖尚果,你又在作'念奴娇'了吧?!"直到他逝世后,我返回苏州故居整理他的遗物,仍从他的枕下翻出一卷《随园诗话》。我与他共同生活约二十六年中,几乎每天都听到他用惠州方言和传统的惠州腔吟诵古诗词。青主曾深有所感地告诉过我,吴梅村曾表示过:日后他的墓碑上只消写上"诗人吴梅村之墓",我想,这也是青主潜在思想的流露:这是一个不仅是诗人的人对除诗艺以外的一切深感失望的心情体现。归根究底,青主的本质是一位诗人,或者甚至可以说:只是一位诗人。如果由于他曾经在音乐领域有过作为,那末,也只应当套用德语中的说法,把他称作为一位音诗人(Tondichter),因为他所作的歌曲均以诗境表现深邃见长。他是以一个诗人的本性来体验和谱写音乐的:在他的体验和感悟中,动人的音乐正是一首首音诗,而音乐家也应当首先是音的诗人。在这一点上,他和舒曼非常相近。舒曼在颂扬让·保尔的演说中曾经说过:"诗人生活在理想主义的天地,而却为现实的世界工作。"这话也适应于青主。

1. 物　我

青主在《诗琴响了》最后一篇《怎样创作诗的艺术》中直言不讳地道出了他的艺术观和创作观：

> 我不是神仙，我不会做神仙的诗；
> 我不是鬼，我不会做鬼的诗；
> 我自是人，我只会做人的诗！
> 我不是大腹贾，我不会做大腹贾的诗；
> 我不是工人，我不会做工人的诗；
> 我自是我，我只会做我的诗！

这种以人、以我为主题的立意，不仅体现于他的艺术观，也贯彻在他的人生观和世界观上；这二者是统一的。他曾为国赴汤蹈火、置生死于不顾；也曾对亲友见义勇为、解囊相助，置物我于不顾。他强调自我，而没有陷入唯我主义的泥坑，也没有把客观世界看成是自我的理念或印像。他懂得把物与我有机地结合起来。他曾经就德语文法、修辞以及德意志民族的思维方式，这样对我以及他的学生们说过：德意志不愧为一个哲学的民族。他们的语言和文法中有第三格的特殊妙用：如柏林国家议会大厦上写着几个大字：DEM DEUTSCHEN VOLK。这句短语是无法精确移译为别国文字的，如译为"为了德意志人民"、"属于德意志人民"或"献给德意志人民"，均会过于确定而不准确。那是不用任何介词或动词，而只用一个三格名词的表达方式，从而把这一切含义都包含了进去，毋庸赘述。又中国人惯于说：我觉得冷，而德国人却很少说：Ich fühle mich kalt，而总是说：Mir ist kalt，意指这温度对我说来寒冷，即从客观存在出发。青主十分强调地教导我和学生们：尽量不要用从自我出发，而要用从客观存在出发的表达方式来说德语，如与其说：Ich freue mich über etwas（我为某事感到高兴），不如说：Es freut mich, dass...（那使我感到高兴），或更文雅地说：Es gereicht mich zur Freude（那使我走向欢乐）。他说：这种把主观人物放在客观事物支配之下的思维、认识和语言表达习惯，不正是德意志民族作为哲学民族的一种体现吗？

可是，物我的辩证关系体现在青主的认识、信念和思维方式上是一回事，但在实际为人和生活中，如何处理好这二者的关系，又是另一回事。这二者在他身上有时并不协调，甚至矛盾、冲突。他对庄子《齐物论》中所说的："物固有所然，物固有所可。无物不然，无物不可……唯达者知通为一"的至理，以及庄子关于"物之生也，若骤若驰，无动而不变，无时而不移"的物化论，是深有领悟的，从而能在自己的信念和生活中对待不少事物能趋向"天地与我并生，而万物与我为一"的境界。此外，他也懂得把金钱和其他物质当作"身外之物"（这个词他经常运用），决不予以重视、怜惜或吝啬。但是，虽然青主也经常引用庄子的话说："不相与为怪，不相与为谋，不相与为事。"但事实上他时常并未能如此豁达大度，相反的，他经常看不穿这个人世，一再地介入；老庄哲学的彻底出世，是他根本未能全然做到的。在青主毕生的为人和思想、生活中，出世与入世的矛盾和冲突，是显而易见的。基于他自幼十分丰富的人生经历和遭遇，他对人世、对客观现实的许多事情也颇能看得透、认得清，可是在这同时，他却又禁不住人生必需有所作为的入世思想的支配，总想干一番事业，从而三番四次地投身于政界，结果头破血流、颠沛流离。早在德国留学期间，他就套用过龚定庵的诗句"唯恐刘郎英气尽，卷帘梳洗望黄河"的涵义写过诗词，表明自己决不甘心和满足于在国外舒适的生活。后来，他曾多次向我叙说过他那种总不甘心于独善其身的志向，似乎他的"情人"总在"帘卷黄

河"地提醒着他,要为祖国和人民干一番事业。他也曾多次地向我们复述过歌德的名言:

"没有比那更大的苦痛:
独自一人在天堂之中。"

事实上,如果他在国民党取消了对他的通缉令后,仍然继续留在乐坛笔耕下去的话,他的后半生肯定能取得更大的成就,又如果他在30年代中进入欧亚航空公司后,能坚持不离去,不三度主动辞职,那末,他的后半生也会太平得多,这样,对他个人以及家庭也会安稳、幸福得多,可是他总不想独善其身,不甘心就此度过一生,而执着地追求实现自己的抱负,"为祖国、为老百姓"干一番事业的念头始终挥之不去,"我志未酬民已苦,东南到处有啼痕"(高天梅委托石达开的诗句)是他40年代时教我念过的、他的座右铭,从而他不辞几度重新投身政界,这不能不说是他根本未能身体力行老庄哲学的结果。此外,庄子在《人间篇》中所说的"形莫若就,心莫若和",更是他未能做到的关键所在。他不善于随机应变,去实践"与物委蛇",去适应环境,更遑论迁就。相反的,他实际上一直远离现实的生活在他憧憬的精神世界和理想天地中。他十九岁赴德留学,三十一岁才归国,这加大了他与中国社会现实的距离。尽管他早年已投身革命,不论与最早的同盟会抑或与此后国共两党中的许多要人都有密切的关系:或系老师、同学,或系上级、同事或下属。可是他却不等待与国内联系好,就于1921年匆匆返国。回国后也不通过自己良好的社会关系为自己的前途开拓,以至于返国后数年默默无闻地成天泡在家乡惠州叶举的军部中打诗钟,吟咏"十载归来气不扬"的诗句发牢骚。及至后来大多数也总是在别人主动推荐下,他才不仅涉足军、政、法界,以至于几度被通缉、被排挤、甚至被迫害。这就是他总不擅于发挥自己的有利条件，不能做到"形莫若就"的结果。他不但不懂得去迁就和适应，相反的一直自诩"人到无求品自高"，从不奉承任何有权、有势或有钱者。他不善于交际、联络，相反的最怕去"见官"，哪怕那是好朋友，而只爱与投机的、身份一致的亲友们交往，或在自己的幸福家庭中以及独自一人在艺术境界中自得其乐。不论在他三十年代创作的歌曲中，以及此后终生的家庭生活中，他都一再反复宣扬自撰的人生哲学信条：

"你对我三分客气，我对你十分有礼；你打我一巴掌，我还你一拳头。"

这也曾是他"自度曲"的歌词。正是这种为人处世的态度和习性，决定了他终生不能适应环境，从而反复地在入世—出世、有为—无为的矛盾冲突中生活和做人，屡遭打击与失败。幸亏他能做到正如德意志浪漫诗人吕凯特（Friedrich Rückert，1788—1866）在《我已脱离了人世》（玛勒谱曲）中所唱道的："我生活在我的诗歌中……"，从而取得精神的解脱，终于在他的后半辈子能满足于平静的教授生涯，安享家庭的乐趣（他说那是"享王侯之福"），以度余生。1948年后，他能毅然重返讲坛，这不能不说是他几经沧桑后大彻大悟的行为，从而避免了多少物我的矛盾冲突，而臻于物我交融的境界。

青主是一个永远从自我出发，并在不断追寻自我的人：唯有能从中寻找到自我的，他才感兴趣，才倾心地去欣赏或潜心地去钻研，唯有能反映自我并具有个人独创因素的，他才乐于去写作。他的治学之道和研究方法也完全是从个人爱好和需要出发的，通过自己的共鸣和移情去感受和体验，并通过自己的思考和联想去吸取和发展，一切从我出发并为我所用。为此，他才乐于钻研并善于钻研，才努力去吸收或创造。尤其自他在大学任教以后，强烈的求知欲使他经常终日伏案钻研而永远得不到满足。使他能经常在自傲的同时永远保持虚心，一再教导我：切莫自以为了不起，须知"山外有山，楼外有楼"，比自己强的，大有人在。他一向最反感钻在故纸堆中或洋书中不能自拔的"书呆子"和学究，而强调一定要用自己的耳目去"审察那些视而不见、听而不闻的景象，兼能够时时和你的思想通声气"，这也就是他的创思和艺术为什么至今尚有魅力的根由。

2. 今 古

虽然青主教我自幼念过杜甫的诗句："不薄今人爱古人"，但是在他的心目中却是今人哪及古人。他毕生崇拜的对象、热衷的人物和向往的神交，绝大多数是古人。他从未有过宗教信仰，也不相信人死后可能进入天堂，而却多次说过："如果我死了之后能够真的去与李白、苏东坡、郑板桥、歌德、海涅等人相会并交谈，那该有多好！"由此可见他对古代诗人和哲人何等神往！

青主毕生不论在诗歌或山水之间，总是那样深切地"发思古之幽情"，而这并非一般人茶前饭后的闲情逸志，或仅系自娱和消遣，不，青主是在执着地移情和憧憬，全身心地投入，甚至会为之垂泪或狂喜，哪怕是在课堂上也一样。这时，他正如舒伯特歌曲《致音乐》中所说的：是为之来到了"一个更美好的天地"。他曾对我多次表叙过"伤心人别有怀抱"的深意和情怀，从而他对古的向往与一般人的怀古有所不同。他对许多古代艺术作品正是以这种特殊的心情去体验，并从而引取强烈共鸣的。他毕生中至少有几十年、甚至可以说大半生，正是生活在那样一种"思古"的精神境界中度过的：既有中国的古代，也有西方的古代；既有哲人、诗人、乐人高歌绝唱的古代，也有政治家、军事家叱咤风云的古代，而且这古代在他的思想境界中，就是现代，就是他所憧憬着的现代,在现实中不可能实现的现代。他就这样把古与今直接联系在一起去憧憬,仿佛这今古之间并无界线,而浑然一体地存在着。——可是,在人间现实中哪有这今古交融的境地?所以,他心怀的这一境界也只能是一种主观的想象和理想,而在现实的面前最后只能化为泡影。也正基于这同一情怀,他那样欣赏海涅的许多诗歌:把自己的憧憬描写得愈是无比美好和淋漓尽致,而一声鸡唱,美梦化为泡影的结果也就愈为惨痛。

青主过于憧憬于自己的理想境界,既不能做到"形莫若就,心莫若和",也未能不脱离现实地去生活和做人,这正是他过于耽溺于古,从而必然远离今的结果。他不懂得如何去有效地与今人交往,适应今的需求,而醉心于古的境界和理想。本来,他那诗人的气质和本性只可能使他的艺术永存,而不可能允许他在军、政、法界成功。今与古在青主身上的交汇,往往形成了撞击,甚至产生冲突,这是毋庸置疑的。

3. 中　外

从许多方面看,青主是一位真实不虚的爱国者。尽管他对德国怀有深厚的感情,并对德意志民族的许多造诣十分欣赏与敬佩,但他时时处处忘不了自己的祖国,为此,他才会在德国生活了十多年,甚至娶了德国妻子、生了不会说中国话的女儿后,仍毅然返回祖国。为此,他在第一次世界大战期间,眼见欧洲诸国火并、争霸,而恨不得"安得雄兵五千万,周旋列国主盟来"(《1914》)。第一次大战期间和之后,他在异邦撰文、演说,指点江山、发表政论,并弘扬中华文化,更敢于直接致书德皇威廉二世,争取讨回德国掠夺中国古代的天文仪器。战后更以当选为"被侮民族联合会"评议员的身份四处演说。他三四十年代在中德合资的欧亚航空公司中担任要职,在与德方人员精诚合作的同时,也坚决保持并切实做到平起平坐、不亢不卑,而不惜几次与德国人争吵、甚至反目，体现了中国人应有的自尊，而从不对一切人（包括外国人）唯命是从。

　　青主有热爱祖国的山河、文化，热爱中华民族的优秀品质，但是，他从不盲目或狭隘，从不陷入沙文主义的泥坑。他多次向家人宣讲他的观点："许多人侈谈爱国，其实根本不懂得自己的国家到底有哪些可爱之处；更看不到还有哪些可恨之处。"他的爱憎和是非观是分明而客观的。他对中国处于半封建、半殖民地的处境，自幼具有强烈的意识和觉悟，并懂得慷慨悲歌：十七岁时作有《埃及古国记》，充分意识到自己的祖国已衰弱、腐朽到难以自拔的地步，并面临有被帝国主义列强瓜分的危险。中外的矛盾、冲突在他的意识中，从一开始就十分强烈。及至到外国求学后，他更明确地看到"攻玉他乡足取材"，从而"有愿移栽西土花"。基于自幼在严父拷打下所打下的坚实的中国旧学基础，加上他十年多在德国取得的西学造诣，他确实做到了熔中西于一炉。出国前及返国后，他深入中国的现实，丰富的社会经历使他洞察到中国社会上和人际中的形形色色，那与他"不把天堂世外求"的理想境界有天渊之别。被国民党通缉的遭遇使他来到了文坛、乐坛，这毕竟要干净许多的园地。这五、六年间，他被迫埋头治学。多亏他的德国妻子华丽丝继续充当着他的良师益友，同他夫唱妇随地共同作曲并探讨乐艺。华丽丝原系青主在柏林时的私人小提琴教师。尽管并非出身自音乐世家，但在环境和友人的熏陶和影响下，她不但成为钢琴能手、女高音歌手，并能作曲。青主与她从学琴认识到恋爱并结为夫妇，彼此影响甚深。青主明确地说过：没有华丽丝，他不可能取得那样的作曲成果，尤其在钢琴伴奏写作方面，华丽丝曾给他很多帮助。同样，华丽丝不懂中文，在为中国古典诗词谱曲的过程中也多仰仗青主的指点。这一对中外夫妻谱写的乐曲，不正是再好不过地体现着中外文化和精神交融的结晶吗？用西方的作曲方法来为中国古典诗词谱曲，这在当时既是一种探索，也是一种创新。尤其难能可贵的是：他们谱写的歌曲在词曲结合方面探索并开创了一个新的境界：正如青主曾一再强调并力求做到的，使中国语言和音乐的结合既遵循声韵的规律，而又不受它的局限，换句话说：既保持自然，更加以艺术的加工和创造，从而使声韵更臻于音韵的境界，使对古诗词的吟诵更发展为一种依照今人的理解和情境的朗诵；这既是今人对古人的一种发展，同时也体现着中外精神的一种交融：青主能创造性地运用西方语言朗诵学的艺术规律和经验，这与他在柏林时曾从一位德国话剧女演员精心学习过朗诵艺术密不可分，从而使他对词曲关系的处理不同凡响：既遵循规律，又强调独创；既有语言朗诵的音调，又有音乐旋律的流丽，从而既解决了西方音乐创作中历来存在的词曲孰为主次的矛盾（Prima le parole, dopo la musica 或 Prima la musica, poi le parole），也避免了中国音乐词曲结合中常见的弊病：词曲过于受声韵的制约而难免对艺术创造有所约束。这再明显不过地体现于青主所谱的《大江东去》中词曲处理的许多细节中，如：如何突出一句和一段中最重要的字、如何塑造一字和一段的高点，以及如何处理词曲节奏的安排，包括对休止符的运用等。在中国艺术歌曲创作的早期，青主与华丽丝能取得那样的成就是十分不易的，这正是中外两种文化交配的结果，也是古今两种时代融合的现象：那不仅是今人发思古之幽情，更是借古人之口唱今人之调，并抒发今人之情的一种探索和创造。

青主对中国古典哲学、文学、诗歌的领悟深透，成为他毕生为人、治学以及思维、感受的根基。同样，他对德意志语言、文学甚至部分哲学、历史的研究造诣，则更有助于他突破个人与民族的局限，正如他经常引用的歌德名言所说的："谁不懂得别国的语言，也就不懂得自己的语言。"青主说过："我因研究西方的文化，才彻底认识东方的文化，我如是，别人大约亦如是。"这充分说明：没有东西文化的交融，就没有青主的创作；青主懂得坚持自己民族文化的立足点和出发点，也善于吸收别的民族的长处和特点，使中外接枝，发出奇葩。知己知彼的至理在这方面同样是颠扑不破的。可是，在这同时也应当看到：青主当时对于中国的民族音乐（当时称为国乐）缺乏深入的了解与研究，也受西方音乐界"欧洲中心论"的思想影响，从而持有一些偏激的、甚至错误的观点。可是，这并不等于说他不主张或不追求发扬音乐的民族风格。基于他本人对中国文化修养深厚的根底，以及对中国古诗词的由衷热爱，他在自己的歌曲创作实践中，明显地体现了对音乐创作的民族精神和风格的追求，尽管这仍然不得不受到他当时在创作手法上主要运用西方大—小调功能和声体系的局限，显示出我国近代艺术歌曲创作早期难以避免的缺陷。

他翻译海涅、歌德等德意志文豪的诗歌和舒伯特、舒曼等德意志音乐巨匠的艺术歌曲以及简朴的外国民歌，都能既忠于原作，充分保持了原有的精髓和诗意，又做到了译文的民族化：仿佛那本身就是一首中国诗歌。外国的神韵和中国的风味交融；西方的思维、感受和东方的审美与表现形式结合；既有古诗的词藻，也有今人的口语；既保持有诗词的独立，也突出了音乐的主宰；它的格调，既讲究诗歌的韵律，更有增无损地保持音乐的风采；例如他所译配的海涅名诗《在海边》（舒伯特曲），是那样的完美、工整，配唱起舒伯特的旋律是那样的自然、妥贴：

　　　　海水苍茫，映着斜阳，
　　　　荡漾着万丈霞光。
　　　　我和我的爱人并坐渔庄，
　　　　情脉脉，悄无言相向。
　　　　迷雾渐升，海潮乍涨，
　　　　白鸥相与上下来往。

忽无端从爱人美目
流下了珠泪行行。

我望着她的泪珠流淌，
不禁要拜倒在地上。
我匍匐着从她的素手
把泪珠载吻载尝。
啊，自从那晚，我神魂俱丧，
捱尽了爱的苦况。
我被那恶冤孽的泪
毒透了全副心肠。

　　青主作为一个外国人，在德期间（1911—1921）曾较长时期地靠为报刊撰文与讲演为生，其内容除政论外，均以介绍、论述中国文化为主；这在当时的德国是屈指可数的。他对老庄哲学的论述是非一般德国人所能理解的，但却引起了巨大的反响，以至德国当代著名的诗人拿德尔（Arno Nadel，1877—1943）曾对他说："要西方人了解庄子和老子，总要等百年以后，然后他们才可以得相当的成熟！"这位1943年死于奥斯维茨集中营的犹太诗人说得仍相当乐观。这也许由于尤其是德国人，在许多方面往往和中国人的气质和习性正好形成为两极：和中国人的随和、即兴性相对的，是德国人的严谨与计划性；和德国人的强调理性相对的，是中国人的突出感性。可是说来也奇怪，正如德意志格言所说的："两极相迁"；中国人和德国人在精神上却又有许多共通点，这早在歌德时已为这位诗人所发现。浪漫主义同样在德意志和在中国均曾找到过蓬勃发展的肥沃土壤，不正是这一佐证吗？

　　中国的以及西方的文化、艺术和哲学对青主心灵的塑造是彼此、不相上下的。对青主说来，中国古典哲学和诗词和德意志浪漫主义以及表现主义的诗歌、文学和绘画，在他的审美天地中是并驾齐驱地在奔驰的。因此，只有从中外古今的交汇、交融或甚至撞击、冲突中，才可能为青主的思想和艺术定位，才可能看出：青主既是文化际中的一个特殊产物，也是一个典型范例；这也正是我们今天重新来研究他的一项意义所在。

在他个人的生平和作为中，物我的交汇促使他不辞抛头颅、洒热血，为祖国、为人民的革命事业做出过贡献，但物我的冲突也促使他的生活卷起过大起大落的波澜，并使他个人遭遇到种种挫折和打击。同样，在他的生平和作为中，今古、中外的交汇曾引起过撞击和冲突，但也迸发出炽热的火花，而终能和谐地交融、交织出一片灿烂的锦锈。

对人类的历史以及一个民族、一个国家说来，个人的生命是短暂的，个人的作为也总是有限的，个人受时代和自己种种条件的制约，往往在某些方面也会有一定的局限，可是，人类的、民族的、国家的以及每一门事业的历史和进步，却也离不开个人。一个个人有无历史意义，既要看他是否比较集中地代表了他那个时代的精神，也要看他是否在某些方面更突破了那个时代的局限，从而走在历史和时代的前面。只有能不断地力求以前人的终点为自己的起点，力求以全人类的智慧和成就来武装自己，才可能使自己的作为有意义，并有助于使历史发展不断向前。个人的创作是否值得传世，主要也取决于它是否对历史和事业有所推动。只有从特定的历史、地域和社会来观察和评定一个具体的人物，才可能得出比较恰当的结论。

在中华民族从封建主义帝制演变为共和主义新制的伟大转折中，在中国人民从半封建、半殖民地社会及其经济、政治和思想的桎梏下，逐步得以解放的漫长过程中，以及在闭关自守、停滞不前的旧文化和洲内文化，逐步发展为国门开放、兼收并蓄的新文化和洲际文化的巨大演变中,青主是具有代表性的人物之一。他是时代的产物,也有助于时代的发展。他那融物我、今古、中外于一身的特质,他那才华横溢的诗人本性,使他成为这一特定历史、地域和社会中突出的人物之一。大江东去,浪淘尽千古风流人物。人物尽管会在历史的巨流中无影无踪地消失,但他所体现的精神却会永存。